香港

李史翼　陳湜　編

香港——「東方的馬爾太」

李史翼
陳湜 編

上海華通書局發行

卷頭語

鴉片戰爭以前的香港，除了片葉的漁舟，在那裏徘徊外，是不爲中國人所注意的荒島，但是英帝國主義的鐵腕，一伸展到中國，便抓到這爲中國所遺棄的一角。從此香港不僅是英國侵略南華的根據地，東方艦隊的大本營，而且在英國不斷地改進之下，幾爲世界貿易的核心，成爲「東方的馬爾太」「東方的直布羅陀」了。固然在「省港罷工時代」香港變爲「臭港」，好似又倒退到孤懸珠江口外，無人顧問的「死港」時代去了。可是最近香港又「香」起來，在產業上，因英帝國主義的整個沒落，不能單獨地發達，然而世界政治經濟的焦點，轉移到太平洋的現代，香港的地位怎樣，是不消說得；尤其是新加坡的築港，香港的空中軍備，英國又大規模地建設起來。這些更不能掩飾香港的重要。因此我們在營養不良之下，編成這一部書，我們並不是以營養不良的關係，希求讀者過分的原諒，反之，卻熱望儘量地指教，使有改正的可能。最後敬向使本書有出版機會的周子同先生，表示謝意。

香港—「東方的馬爾太」目錄

香港—「東方的馬爾太」

第一編 前論

第一章 沿革

自從十九世紀以來，帝國主義爲爭奪商品市場，原料產地，投資處所，而盡量地使用刼掠的佔據，暴力的戰爭政策；尤其是英帝國主義利用各種的動亂，乘機向海外發展，所以英國人時常自負地說，日光照臨的地方，都有他們飄揚着的國旗。英帝國主義，她就夢想着一

【二】

個大不列顛統治的全世界，就是說，要幾十萬萬的黑種，黃種，白種，紅種的奴隸，一切都位置於他們的鐵蹄底下。我們看英帝國主義在五大洲有多少的領土：

第一次世界大戰前的領土（小島不計）

亞洲

印度　錫蘭　香港　緬甸　馬來聯邦　海峽殖民地　俾路支　亞丁　婆羅洲北部　阿曼保護　威海衛租借

非洲

南非聯邦　貝專納蘭　羅得西亞　英屬東非洲　英屬索謀里蘭　蘇丹地方　尼日里亞　亞干的　塞納勒窩　英屬岡比亞

海洋洲

澳大利亞　塔斯馬尼亞　新西蘭　巴布亞東南部　非支羣島　新希不力克斯羣島　撒羅崇羣島，聖大克魯斯羣島　吉爾貝特羣島　科克羣島餘多不計

沿革

歐洲

直布羅陀　馬爾太島

美洲

坎拿大　紐芬蘭　巴哈馬羣島　牙買加島　小安的列斯羣島之一部　英屬關都拉斯　英屬圭亞那

第一次世界大戰的爆發，就是各帝國主義間侵佔土地瓜分世界的決鬥；所以戰後英帝國主義又得着許多的土地：在亞洲有阿剌伯半島（以上保護），美索不達米亞，巴力斯坦（以上委任統治）的增加；在非洲增加了德屬東非洲，德屬西南非洲（以上委任統治），德屬喀麥隆及多哥蘭（與法分領）；在海洋洲又添進巴布亞東北部，俾斯麥羣島，薩摩亞羣島，腦拉島（以上皆委任統治）。我們根據上述，便理解英帝國主義的領土遍布五大洲。在太陽照耀的所在，英國的國旗，確能夠到處飄揚着。可是這種刧掠的佔據，自然首先降臨於弱小的國家；所以前表中，英國在亞洲領土的香港，就是乘「鴉片戰爭」的爆發，英帝國主

【三】

【四】

義挾其戰勝的淫威，於一八四一年一月公然佔領去的。同年二月布設軍政，宣言為英殖民地及軍港，又一八四二年八月，締結「南京條約」，依據這個條約的第一條，香港就永遠由中政府割讓給英國了。從此，香港便變成「皇領」殖民地。實際上，「皇領」殖民地還包含一八六○年依據「北京條約」而刼掠去的舊九龍，以及一八九八年依據九龍地方的租借條件，而所謂「租借」去的九龍租借地。

香港在鴉片戰爭以前，確是一座荒島，是不為中國人所注意的荒島；可是英帝國主義亟欲伸鉄腕於無盡藏的中國，首先熱烈地感着有佔領海岸的必要。因為英國與中國的交通，以海道為唯一的徑路，所以特別地注重於南方。在一八三三年的時候，英國的中國貿易監督官(Chief Superintenclent of the Trade with China)那皮兒(Lord Napeer)受英本國政府的命令，於一八三四年從澳門到廣東，乞中國的當局，接洽通商。但是廣東當局不但不答應通商，而且拒絕接見。那皮耳就上書英政府，要求派遣印度的駐軍，立刻佔領香港。他並且說香港是最適切的地方。以後乘鴉片戰爭的時機，就借此佔領了香港。當最初的時期，香港因土地的瘠狹，氣候的不和，瘴癘的橫行，種種的困難，釀成殖民地的放棄論；尤以一八四四年的惡疫，使居住香港的歐洲和軍隊，死了大半。當時香港政府的會計官馬丁(Montgonalry Martin)曾上長文報告於英政府，主張立即放棄有損無益的香港；但是當時的香港總督大衛(Sir John Devis)卻提出與馬丁相反的意見，他以為長時間的努力，必然可以克征一切的困難。他與上述的那皮耳一樣，沒有親眼看見預言的實現，就死去了。

沿革

【五】

一八四六年香港漸漸有進展的現象。一八六〇年，又獲得了九龍，擴充領土；一八六二年曾創辦香港造幣廠，後以經營過大，全部材料出讓於日本大阪造幣廠；一八八二年時代，工業的勃起，衛生的設施，香港便更加有顯明的發展了。又一八九八年又獲得九龍的租借地，一九一一年廣九鐵路的全線完成，一九〇七年，香港政府在財政上不需英本國的補助，能夠獨立地維持，同時在這個時候，又從事教育的進行。又因香港據東洋的中心，不但為英帝國主義侵略南中國的根據地，也不但為英國東洋艦隊的大本營，而且是世界交通的要點，世界貿易的中心。海運的進展，貿易的繁榮，爲世界有數的自由港。可是到一九二五年，香港受了「省港罷工時代」的大打擊，一年來香港的損失約二億五千七百萬元。一九二五年七月以來的一個年間商店破產計一千五百六十二件，金額計六千萬元。香港政府借款三百萬元，以這樣僅少的救濟金提出彌補空前未有的損失，自然是不可能的；所以當然的香港變式「臭港」了，人口的實際稀少，貨價的昂貴，污物滿滿地堆積在街上，香港好像向過去的「野蠻時代」跑了。

最近的香港，同罷工時代有許多的不同了。財政上又有鉅額的收入，人口又增多了；粵漢鐵路的完成計劃，又積極在進行了，自然這種計劃的背後，映現着英帝國主義想將勢力伸展到中國長江一帶的企圖。而且據最近（一九二九年九月五日）路透社香港的電訊，香港政府決議增設飛行場，已得英本國的鉅款援助大規模地發展航空事業了。這很顯然地表示香港在未來的太平洋戰爭中，必然地是英國的軍事根據地。更因新加坡的築港，香港的聯繫更加緊切，所以香港可以說是「東方的馬爾太」「東方的直布羅陀」。

第二章 人口

香港的人口，包含各種不同的人種，就中以華人爲最多。次之爲英人，再次之爲葡萄牙人，印度人，日本人，馬來人等。歐戰前，德人在香港者頗占勢力，後因戰爭的關係，即絕跡了。香港與廣東有密切的聯繫，華人來往的頻繁，移動遷徙沒有一定的標準；所以戶籍制度不能具備，人口調查就很難着手了。在一八四一年，香港島內的二三村落所住的中國漁民及農民，不過四千罷了。又九龍半島的尖端，也僅約八百左右的住民。翌年即一躍增加至二萬三千人。依據一九一一年五月的調查，香港的總人口爲四十五萬六千七百三十五人（軍人計六千七百二十七人除外。）一九一四年推定的人口，計五十萬千三百四人。內容的包含如左：

中國人	市內	二一九、三八六	四四四、六六四
	香港島內的村落	一六、二一二	
	九龍（包含新九龍）	六七、四九七	
	租借地（陸上）	八〇、六二二	
	海上生活者	六〇、九四八	
外國人	白色人種	六、〇三九	一二、〇七五
	有色人種	六、〇四〇	
合計			四五六、七三九

此外駐軍的平均數如左：

英國陸軍	二、三六〇
英國海軍	二、三一三
印度軍隊	二、〇五四
計	六、七二七

【註】前所謂有色的人種，係指印度人，葡萄牙人（亞細亞產）日本人，菲律賓人馬來人，波斯人等。

從此以後，香港的人口，都隨貿易的興盛，而有飛躍的增加；但到了一九二五年的時期，

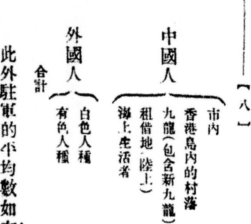

因受香港罷工的絕大打擊，商業異常地零落，住戶稀少得可憐；據華字日報一九二六年四月的統計，空屋計千二百八十戶，空房計二千六百二十四間，新築房屋佔六分以上，人口降下爲六十餘萬了；如今呢，香港又「香」起來了，住宅是很少空的了，商業又有漸漸甦活的企望了，人口突然增加到百萬，這些現象都是「省港聯歡」以後的事實，在香港的總人口中，以工人爲大多數。茲特將已調查得的工人數目列表於下：

太古船廠	二、三〇〇八
水師船廠	三、〇〇〇
九龍船廠	一、八〇〇
電話工人	一、〇〇〇
啤利船廠	四〇〇
廣九鐵路	二、二〇〇
碼頭工人	七、〇〇〇

【九】人口

煤炭工人	三、〇〇〇
木業工人	一、二〇〇
糖業工人	五〇〇
過海小輪	三、〇〇〇
汽車工人	三、〇〇〇
南洋煙草公司	一、二〇〇
泥水木匠	一、〇〇〇
牛羊業	六〇〇
雞鴨業	四〇〇
洋務工人	一、〇〇〇
豬肉業	七〇〇
煙業	三〇〇

人口	
漆務	四〇〇
郵差	八〇〇
電車	一、二〇〇
電燈	二、〇〇〇
織造業	二〇、〇〇〇
自來水	一、〇〇〇
黃埔船廠	一、〇〇〇
電報	五〇〇
玻璃業	五〇〇
印務	三、〇〇〇
煤汽	四〇〇
公務	四、〇〇〇

【二】

打石	二、〇〇〇
化裝品	一、〇〇〇
樹膠	八〇〇
理髮	三、〇〇〇

以上的數目中，還有許多的職業部分，沒有從事調查。然而就依這些數目，不僅簡單地表示這些工人的數目，在香港的人口中佔大多數而已；同時，更重要地表示香港的工人在香港整個的政治中，經濟中，是多麼偉大的一羣不可侮的力量啊！

第三章　氣候

香港島位於北緯二十二度九分乃至十七分間，所以在氣候上同廣東省城有數度的差異。大致上以晚秋十一月頃至新春三月上旬的三個月間，氣候比較地舒適。從三，四月到五，六月的過程中，那時正到所謂準熱帶的雨季，惡疫熱帶病等的流行，更因雨的降臨，而更加猛烈地猖獗。六月以降，氣候均熱。八九月頃，時有颶風的襲來，猛烈異常，常受重大的損失。在一九〇六年九月十八日間，香港遭遇前未曾有的颶風，又因氣象台失却警戒的時機，損害更隨之而增大。在最猛烈的二時間內，香港島一帶，死者近萬，西洋式的商船受破損或沉沒的計五十七艘，七萬二千噸，小汽船受破損者計八十艘，舢版覆沒計二千四百十三艘的鉅額。一九〇八年七月二七日夜至二八日朝，颶風又向香港襲來，因事前氣象台曾發警報，所以損失沒有一九〇六年的巨大；僅晏慶號(Yingking)船的因遇風沉沒，死者爲四百二十四人。經過數次的大風，有在銅鑼灣設置保護船的建議，因為那裏據說是適切的颶風避難地。結果在望角嘴建築一座避難的錨地。這種工程在一九一五年纔完竣。

一九一三年香港的氣溫及雨量如左：

時期	最高(華氏)	最低	雨量
一月	六四、五度	五四、八度	一、〇二五
二月	六四、六	五七、三	二、三九〇
三月	六五、八	五、八五	六、九四五
四月	七五、八	六七、七	二、一七五
五月	八二、五	七三、八	九、三〇〇
六月	八五、六	七七、六	一六、〇三五
七月	八八、一	七八、八	一五、〇五〇
八月	八六、五	七七、七	一〇、五六五
九月	八四、五	七六、七	一四、五七〇

十月	八〇 三	七二、二	三、五五〇
十一月	七四、〇	六六、〇	〇、七四〇
十二月	六四、九	五六、五	一、三八五
一年間的平均	七六、四	六八、一	八三、七三〇

前表可以表示香港氣候的一般狀態。

氣候

【一五】

第二編 各論

第一章 政治組織

第一節 行政

香港是英帝國主義侵略南華的大本營，同時，迫在眉睫的太平洋戰爭，一到爆發的時候，香港必定是英帝國主義的軍事根據地；因此，對於香港的政治組織，以及軍事的佈置等等，我們應有概要的理解。這在事實上確是必需的。

香港的行政事務，係由總督(Governor and Commander in-Chief)依行政評議會

(Executive Council)及立法評議會(Législative Council)的輔助而總攬統治的大權。總督係英本國政府所任命，對一該港有任免權，經立法會議的協贊得制定實施的法令；且可指揮守備的海陸軍，以及赦免罪犯等；但關於重大的事件，仍須經英本國政府的核准。

至於行政評議會的作用，就是關於該港的行政，總督須諮詢本評議會的意見。評議員為總督（議員），駐軍司令，庫務司等官吏，以及幾名的人民議員。以總督為當然議長；但評議員都須經英本國政府的任命。

立法評議會（定例局）的議員，也須經英本國政府的任命或核准，係八名的官吏議員，及六名的非官吏議員組織而成；非官吏的六名議員由商業會議所及地方裁判所各推選一人，其餘四名係總督所委任，計華人英人各二名。非官吏議員的任期，以六年為限；設因死亡等別故而缺席，總督得擇適當者，另行委派。立法評議會也以總督為議長，且有最後的決定權。

這裏關於香港的司法機關，也需要連帶地說到。香港的高等法院(Supreme Court)，執行裁判民事及刑事的一切案件。民事分民事第一審(Original Jurisdiction)及民事簡易裁判(Summary Jurisdiction)二種。前者係審判千元以上的案件，後者係千元以下的案件。高等法院院長(Chief Justice)及主席推事(uine Judge)都由總督任命。上級裁判所(Appeal court)由二人或三人的推事所組成；但是該港最上級的裁判所，係英本國的樞密院(Privy Council)此外尚有警察裁判所(Police Magistrates Court)以「保安判事」一名及一名以上的警察裁判官(Police Magistrates)組織而成，警察裁判官也係總督所任命。

現在將香港統治機關的組織，製成簡表。這更能使讀者得到系統的理解。

統治機關的組織一覽表

政治組織

【一九】

- 縣司(司法機關)
  - 裁判司
  - 律政司

【二〇】

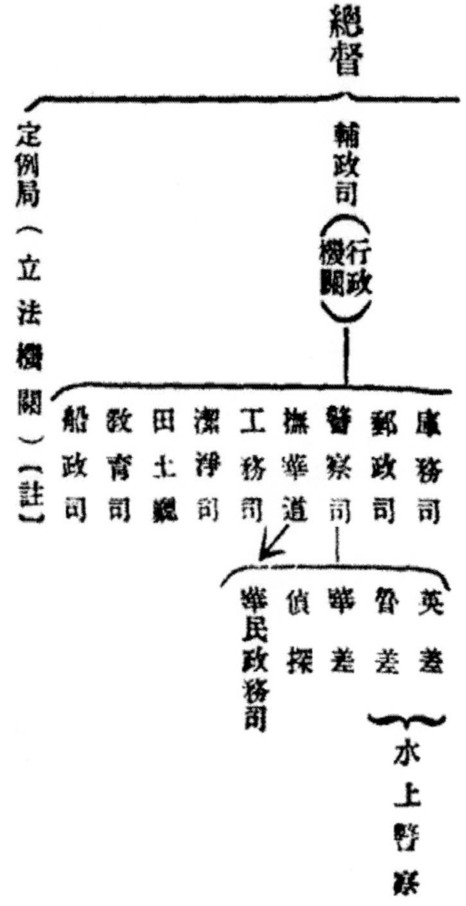

【註】定例局（即立法評議會），由總督委派華人二名為代表，最近（一九二九年）為羅旭，周壽臣二人。

第二節　財務

香港的財務，係庫務司（Colonial Treasurer）遵英本國的財政訓令（Financial Instructions）而處理一切的財務。當香港初被英帝國主義佔領時，全部的經費，都仰給於本國的支出。以後該港的收入，漸漸有增展的情勢，一四四八至一八五四年間，財政補助金減為九千二百磅。從此香港的財政，更達到收入相抵的局面，不需要英本國的補助金了；但一八五七年間，因建築工程的關係，曾有一萬磅的本國補助金。現在除臨時特別的支出外，歲入時常能夠超過歲出了。

現在要引用一些數目字表示過去（一九一九年度）的財政情形；因為明瞭過去的財政，總能了解最近的實況。

一九一九年的香港歲出入表

A. 歲入之部

類別	數目
燈臺稅	七四、五四五
同特別附加稅	八三、九七三
特許稅及其他	一二、八六五、五三四
裁判所手續費	一、〇一三、二〇七
郵政收入	四六〇、八九二

【三二】

廣九鐵路	四九〇、〇九二
官地收入	一、〇四一、四三一
利息	一一二、七九八
雜收入	一一八、五三九
土地官賣	二六三、九六〇
合計	一六、五二四、九七四

B. 歲出之部

	俸給	其他費用	合計
總督	七一、〇三七	六、一六〇	七七、一九八
民政長官及立法部	六五、三九八	二、七九九	六八、一九七
華民政務司	五〇、六六八	一、九六五	五二、六三四
會計檢查部	三二、七七四	二、八五一	三五、六二五
庫務司	六〇、九九三	二、〇八二	六三、〇七六
船政司	一一九、四二八	一一五、九八二	二三五、四一一
輸出入監督局	一二九、六〇七	六八〇、〇二〇	八〇九、六二七

氣象臺	一七、八七〇	五、五八〇	二三、四五〇
雜項支出	……	……	五、五三二、八一〇
司法機關	二三〇、一五七	二一、二七六	二五一、四三四
警察及監獄部	六五七、三四〇	四〇九、四八〇	一、〇六六、八二〇
醫務局	一五一、八二二	一一二、七〇二	二六四、五二四
衛生局	二六二、九九三	一二一、八七九	三八四、八七三
園林局	二六、一六七	二五、二八九	五一、四五七
教育	二七一、七一八	八六、〇八七	三五七、八〇六
軍屯費	……	……	二、七八八、七二一
建築工程	三五〇、〇三一	四一、三五一	三九一、三八二
建築修理費	……	……	八二二、五〇九
建築臨時費	……	……	二、二三五、〇〇二
郵政局	一五六、三二四	一八、〇九九	一三八、二二四
廣九鐵路	一六五、二七一	二七二、三二〇	四三七、五九二

公債費	……	……	七四九、六四九
年金	……	……	二一七、五一〇
慈善費	……	……	六八、六三八
計	二、八一九、六〇七	一、八八九、七三三	一七、九一五、九二五

前表已夠表示香港過去財政的一般情勢。至於最近的香港財政，依然也需要一些數目字來說明的；而且這些數目字不但表示最近的香港的財政，同時也可以使我們理解香港的經濟發展到這樣。

香港政府去年（一九二八年）財政收入的預算爲二〇一、〇三、三九〇元，而今年稅收（一九二九年）可達到二二六、七四四、一〇元。各項稅收都有增加；而以地段開投之增收百餘萬，同牌照稅的百萬元爲最可注意；這因爲從「省港聯歡」以後，住民月增，建築事業，地段購買以及開店營業都隨之而活動。茲特將今年（一九二九年）七八兩月份的收支總數，同去年（一九二八年）七八兩月份的收支總數，作成比較如下：

七月份的收支總數：六月底的存款五、五三八、八一六元，七月底的存款爲六、一一〇、五五〇元。七月份收入二、一八〇、四四三元，去年七月份僅得一、六六四、四〇四元，本年七月份支出一、六〇八、七〇四元，去年七月支出一、六七三、一九〇元。今年一月至七月底收入一三六、〇〇〇、〇六七元，支出一一、四七六、〇七三元，去年同時收入一一、五九〇、九〇五元，支出一〇、七七九、〇〇四元。今年七個月內各項收入，都有增加，以牌照費及內地稅收入爲多，「皇家」地段買得七六三、五一九元，去年僅得六七、一六七元。八月份的收支總數：七月底存款六、一一〇、五五五元，八月底存款爲六、四九八、八〇七元，八月份收入一、八三一、九三七元，去年同時收入一、六五五、四九七元，同時支出一、六八〇、四九三元。

這裏可以引用一些數目，表明省港罷工給香港財政上影響：歲入額在一九二三、四年爲二千四百萬元；罷工發生後一九二五年降低爲二千三百萬元，一九二六年，更減退爲二千百萬元。歲入中的燈臺稅，因罷工影響，船舶減退的結果：一九二四年的燈臺稅曾達三十一萬六千元；罷工後一九二五年降爲二十六萬五千元，一九二六年激減爲二十三萬八千元。鴉片收入，在一九二四年的時代曾超過五百萬元；一九二五年除受罷工的影響外，且因中國澳門鴉片的侵入，降爲三百三十九萬元，一九二六年更減退爲五十六萬。地段開投，在一九二四年，曾達到百九十萬元；罷工後一九二五年減退爲五十七萬元，一九二六年突降爲二十八萬六千元。這些罷工時代的財政統計，同上述最近的香港政府的收入，互相比較的結果，便明瞭香港已脫離「臭港」時代的厄運，漸漸地有些起色了。怪不得最近的香港總督金文泰，在「聯歡」的宴席上爲「省港復交」浮一大白了。

第三章　治安

第一節　軍備

第一項　陸軍

香港為東方商貨輻湊的中心，所以在軍略上是很重要的地點。香港具有堅固而新式的要塞修繕軍艦的船渠總之一切軍事上必需的工具，在香港都是很充足。香港在過去已是英帝國主義的東方艦隊根據地；尤其是在將來，更加顯現他的重要。而且是異常地重要；因為英帝國主義最近在新加坡的築港；以鉅款建造香港的飛行場，發展航空事業：這些都表示未來的太平洋戰爭，香港為英帝國主義的軍事根據地。這是異常地明顯，所以我們對於香港的軍備佈置，自有理解的必要。

現在首先要指出香港要塞的所在，自然的，這些要塞都有異常嚴重的警備。

西水道區

Pinl Wood 砲臺（在 Richmond Terrace 的西方山上）

Belcher Point 砲臺

Ylying Point 砲臺

Stone-Catter's Island 島（計有西南砲臺、中央砲臺、東砲臺三所）

東水道區

Devil's Peak 砲臺（在鯉魚門的北岸，即大陸側）

Saiwan Hill 砲臺（在鯉魚門的南岸，即香港島）

港內

Black-head Hill 砲台（九龍半島東南端）

江磡角砲臺（江磡角本部）

North Point 砲臺（香港島最北端）

其他各處還有探照燈及水雷發射管的設置。

以上要塞的建造都各有各的主要作用。如鯉魚門方面的砲臺，主要的是屬防備的工作；九龍東南端的砲臺，在掩護香港港內的中心地帶；至於 Stone-Catter's Island 島方面的砲臺，主要的是司發擊的工作。

在第一次的世界大戰以前，英帝國主義在中國有二處的駐軍：一在天津，一即香港，二處各設本部；但因戰爭爆發，結果不得不調去一部分的駐軍，到歐洲的戰場上作強盜火併的把戲；因此，二處駐軍合併為一，設本部於香港。香港駐軍的司令官，多係少將；此外有參謀少佐一名，中尉一名等等。茲特將其陸軍軍制的系統，列表於左。

炮兵	英軍	四分之一隊（每隊八百人，每小隊一百人）
	印軍	半隊
步兵	英軍	三隊
	印軍	一隊

【二九】

將軍（港言：兵頭）
- 騎兵
  - 英軍——半隊
  - 印軍——半隊
- 空軍——英軍——未詳
- 工程軍
  - 英軍——半隊（軍事）
  - 華軍——一小隊（軍械製造）
- 軍需處
- 輸送隊
  - 海面輸送隊
  - 陸地輸送隊
- 偵探處
- 軍醫院
- 軍隊佈置使
- 政治參謀部
- 陸軍俱樂部

第二項　海軍

香港與英國東洋艦隊的根據地地位上的重要，不愧稱為「東方的馬爾太」，「直布羅陀。」

海軍工廠在市之東部，設備很是充足，如繫船場附近的工場，起重機，發電所，排水處，船渠，船架，倉庫等等；又九龍方面有水雷艇格納庫及貯煤庫的設備。

香港黃浦船渠公司所辦設的九龍第一船渠，係香港政府助資建造，有稱為海軍船渠者。英艦有入渠的優先權。

海軍軍制的系統如左表：

將軍（港香水師會不多）
- 參謀部
- 香港參謀團座駕艦一艘
- 海軍造船廠
- 海軍軍備局
- 海軍軍醫院
- 艦隊——旗艦一艘
  - 分隊艦五艘
  - 單桅艦五艘
  - 潛水艇十艘
  - 潛水艦三艘
  - 西江艦五艘
  - 揚子江艦十艘
  - 飛機艦二艘
- 偵探局
- 輪送局
- 測水局——測水艦一艘
- 海軍俱樂部
- 無線電局

【三二】治安

第三項　義勇團

香港政府在一八六二年發布關於義勇團的命令，規定凡屬香港的住民，不問國籍如何，都可以參加義勇團。一八六二年即開始組織砲兵中隊，且設軍樂隊，翌年增募步隊。以後幾經變遷至一八九三年，依英本國義勇團的組織法，根據陸軍條例，而改訂法令。義勇團受總督的監理，同時在英本國陸軍部管轄之下。遇有事故，總督得令義勇團服軍役；且駐軍減少的時候，即以義勇團補充。除義勇團本部外，還有豫備義勇團團員協會的組織。

第四項　警察

一八四二年，英帝國主義佔領香港的時候，不過設置警察三十人左右，都係歐洲人。後因貿易的繁榮，地方也隨之而複雜，於一八六五年增加警察為六百十名：計華人百六十五名，印度人三百六十九名，歐洲人七十六名。至一八九九年，租借地擴大的結果，警察署的設置，也隨之而增加。

香港警察署的分配如左表：

治安

市內

- 中央警察署　荷李路(Holy Wood Road)
- 第一警察署
- 第五警察署　皇后大道中(消防本部)
- 第二警察署　灣仔
- 第七警察署　皇后大道西
- 第八警察署　六街道(Bonham Road)
- 第六警察署　山頂電車的終點

香港島內

- Gongh Hill 警察署
- Pokfulum 警察署
- Aberdeen 警察署
- Steanley 警察署
- 筲箕灣警察署
- 七姊妹警察署

- 水上警察署　尖沙嘴(九龍停車場附近)
- 油蔴地警察署
- 紅磡警察署
- 九龍城警察署
- 西貢警察署
- 沙頭角警察署

【三三】

九龍方面

- 上水警察署
- 大埔警察署
- 凹頭警察署
- 沙田警察署
- 坪山警察署
- 新田警察署
- 長州警察署
- 東涌警察署
- 大澳警察署
- 榕樹灣警察署

等等

此外還有警察學校的設置，除教授關於警察署及監獄所屬員的必要科目外，兼習英語及華語，以爲實際上的需要。學生以歐洲人印度人佔大多數；又監獄即在中央警察署的隣近，銅鑼灣並有分監一所。

第五項　消防

一八五九年，住民自願組成一消防隊，因設備不全，所以很是幼稚。以後一八六八年，山

治安

警察與住民共同組織，漸漸得到相當的効果。至一八九五年，警察署設消防部一分課，設備上組織上都大事擴充。即在水上也設有消火船二艘，救火艇一艘。消防的經費，每年約三萬六千元。

消防隊的組成員如左：

	歐人	華人
監督(Sunerintendent)	一	—
代理監督(Deputy Superintendent)	一	—
助理監督(Assistant Superintendent)	二	—
技師	一	—
副技師	一	—
書記	—	一
司機	三	二
副司機	三	—
裝置員	—	一
鐵工	—	一
木工	—	一
受風器製造者	—	一

【六五】

火夫	|	五
水工監督	二	|
危險物檢查者	一	|
同上助手	|	一
消防夫監工	三	|
消防夫	二七	二八
繙譯員	一	三

第二章　交通設施

第一節　海運

從來以爲香港是海的香港，不是陸的香港；所以海運的盛衰，同該港的發展或後退，確有密切的關鍵。因此，有人說海運就是香港的生命，香港的歷史也就是海運業的記錄。這一句話在實際上的估量，大致上也還正確的。

香港爲中國南部唯一門戶，扼東洋的咽喉，爲世界海運的要衝。出入的船舶；於一九二四年，曾達五萬七千艘，三千八百萬噸。在這樣的情勢之下，以船舶的出入數而言，也能夠佔世界各要港中的第四位，或則也可以說佔第三位。

在過去的二年間（一九一四——一九一五年）各種船舶的艘數與噸數如左表：

船舶	種類	一九一四 艘數	一九一四 噸數	一九一五 艘數	一九一五 噸數
大洋船	英國	四、二六五	八、三二一、六九二	三、九八八	七、三五八、五八六
	其他各國	四、一九九	八、五九二、二二二	三、六七三	七、〇二三、二二二
河船	英國	六、六四三	三、九九〇、七一二	一、六七六	四、〇二二、八五三
	其他各國	一、七七七	九一三、二七〇	一、八九二	九二八、一四七
六十噸以下的汽船	（外國貿易用）	六、八五六	二五一、九八三	六、八二二	二二八、五一〇
戎克	仝上	二七、四七四	三、二〇九、七四五	二七、〇九七	二、九五三、七〇五
外國貿易船		五一、二一四	二五、二七九、六二四	五〇、一四八	二三、五一五、〇二三
香港領海內航行的汽船		四三八、一七四	一〇、二七九、四五六	四四六、九三八	一〇、〇二二、八〇六
戎克	（該地方貿易用）	二八、〇五一	一、一九七、八七一	三四、五一六	一、三四七、〇九〇
總	計	五一七、四三九	三六、七五六、九五一	五三一、六〇二	三三、八八四、九一九

前表二年間船舶的艘數，噸數的比較如左：

【三九】

種類別		艘數 一九一四年	艘數 一九一五年	噸數 一九一四年	噸數 一九一五年
大洋船	英國	八、三%	七、九%	三三、〇%	三二、七%
	其他	八、二	七、三	三三、九	三一、一
河船	英國	一三、〇	一三、三	一五、九	一七、八
	其他	三、五	三、八	三、六	四、一
小汽船（六十噸以下）		一三、四	一三、七	一、〇	一、一
戎克（貿易用）		五三、六	五四、〇	一二、六	一三、三
計		一〇〇、〇	一〇〇、〇	一〇〇、〇	一〇〇、〇

關於船舶的國籍別，也可依上述二年間的船舶爲例，列表於左，以清眉目。

輪船屬別	一九一四年 艘數	一九一四年 噸數	一九一五年 艘數	一九一五年 噸數
英國	五、四五六	六、一七一、一四八	五、三三九	五、六八七、四五三

美國	六一	二三一、六六七	三九	一六九、二〇四
奧大利	三〇	九八、六九三	—	—
中國	九八七	七〇八、二二九	一、〇四一	七一三、一八五
丹麥	一六	四六、九〇六	六	一八、六三四
荷蘭	一二四	二五二、七〇〇	一三二	二九三、〇〇二
法國	一五四	二四八、二八〇	一六四	二三〇、二四二
德國	三五〇	六九一、八五二	—	—
意大利	—	—	—	—
日本	八二六	二、一一四、四九四	九七四	二、二五三、四一四
挪威	二〇五	二一八、士二一	一九九	一九九、三四一
葡萄牙	一九八	五三、五四二	一二九	五七、二二三
俄國	二〇	五四、一二一	一五	一六、五七一
瑞典	一二	二四、〇九三	九	二〇、三四二
舢板	一三、六二七	一、五九九、五〇三	一三、四四二	一、四九五、九四四

小汽船	三、四〇三	一二三、六四一	三、三八五	一一一、六九六
計	二五、四六九	一二、六四四、一九〇	二四、九三四	一一、二六七、二五五

以上幾個表，不過表示香港過去往來船舶的一斑；現在將最近（一九二九年）香港的船數，作一簡明的記述，這使我們更加明瞭香港在世界海運上，有幾多的力量。自然這些數目，是在「省港罷工」解除以後，漸漸地復興起來的結果。

昌興公司的皇后船	三艘
大來公司的總統船	十六艘
太古公司的藍煙筒船	九十餘艘
太古公司的黑煙筒船	三十餘艘
怡和公司的生字號（或陞）	三十餘艘
挪威公司的夏字號（及其他）	三十餘艘
德華公司的芝字號	十艘

招商局	三艘
雜外國船	四十餘艘
雜中國船	五十餘艘
德意利士公司（走港汕廈福州）	五艘
省城香港船	十二艘
香港江門船	四艘
香港澳門船	三艘
香港梧州船	十餘艘

【註】以上的數目僅就雇用中國海員船舶的調查，此外純係外人執管的船舶，尚不在內，如日本的大阪公司，日本郵船公司以及其他公司等等，至少尚有數十餘艘。

這裏特將不久的過去（一九二四——一九二六年），出入港的貿易船，製成概括的表解。這可以使讀者對於香港歷來的船舶狀況，得到有系統的理解。同時，更可以深刻地明瞭在「省港罷工」的時代，香港的海運是受多麼重大的打擊。

（以千噸計）

輪船屬別	一九二四年		一九二五年		一九二六年	
	艘數	噸數	艘數	噸數	艘數	噸數
英國	一二、四一七	一八、三六九	七、九七四	一五、三二二	七、六七七	一四、七三〇
美國	六二七	二、九八二	四五二	二、七五二	四七三	三、〇二五
中國	三、〇六二	一、六六一	一、二八二	九二五	一、三七九	五八六
中國（舢板）	二七、五二五	三、二九八	二〇、九四七	二、四五一	一五、〇二七	—
荷蘭	五一九	一、五九六	四六六	一、四八七	四六二	一、五六八
法國	五八二	一、一七一	三五三	八九九	二一六	八九二
日本	二、六四四	六、四二三	二、三二〇	五、六四二	一、五〇〇	四、四九二
挪威	七六二	八七二	五七七	六四六	二二九	三〇五
葡萄牙	六七七	二二二	二九一	一〇六	一二三	五三
德國	一五五	六二四	一五四	六五八	一八〇	六七一

六十噸不到的汽船	七、八三一	二三二	五、三八六	一六五	二、八二九	八七
其他	九六四	一、三二〇	五二三	八八八	七三六	五七四
合計	五七、七六五	三八、七七〇	四〇、七〇五	三一、九四一	三〇、二三一	二八、六七一

前表很顯然地指出一九二四年達到最高的五萬七千艘，三千百八百萬噸；省港罷工發生後的一九二五年，減退爲四萬艘，三千百九十萬噸。就中英國的航洋船，一九二四年爲五千五百艘，一千百八十萬噸，一九二五年減退爲三千九百艘，九百八十六萬噸，一九二六年又減退了許多。一九二四年香港的海運發展，突破從來的紀錄；「省港罷工」時代，表現出異常的衰頹。

主要的汽船航路（汽船航路，時常變動，只能就其一般而言。）

第一項　東洋歐洲線

一　日本郵船有限公司

國籍日本　本店東京　支店香港。

A. 橫濱　倫敦線

寄港地　橫濱，神戶，門司，上海，香港，新加坡……倫敦。

定期　約二週一次　香港發　西行水曜日　東行火曜日

使用船　香取丸，鹿島丸等等。

B. 歐洲時船(貨物船)

寄港地　橫濱　神戶　門司　新加坡以及倫敦等處。

途中在大連，上海二處停航。

定期　月約一次。

使用船　博多丸，河內丸等等。

二 Peninsular and Oriental S. W. Co.

(鐵行火船輪船公司)

國籍英國　本店倫敦　支店香港

〔四六〕

倫敦橫濱線(Intermediate)

寄港地　倫敦……新加坡，香港，上海，門司，神戶，橫濱。

茶市期內兼航福州

定期　約二週一次

航海日數　橫濱倫敦間　四十八日乃至五十一日。

使用船　Nellore, Nankin, Namm,
Sardinia, Novara, Nagoya,
Nyanza, Nore, Malta,
Somali, Karmala Kashgar
Khiva, Kashmir 等

三　Ocean S. S. Co. and China Mutual S. N. Co.

國籍英國　本店利物浦 Halt & Co.

香港代理店 Butterfild & Swire

橫濱利物浦線(貨物船)

寄港地 日本諸港，上海，香港，新加坡，倫敦，利物浦。

定期 每月約三次左右。

使用船 Phemins, Cyclops, Helenus, Agamemaon, Demoducus, Teiresias, Neleus, Machaon, Agopnor, 等。

四 "Ben" line of Steamers.

國籍英國 本店倫敦 Leith. Wm Thomson & Co.

香港代理店 Gibb, Lioingston & Co.

歐州，東洋線

係純貨物船，停航沒有一定的處所。平時發航經倫敦，新加坡，香港及日本諸港；復航

〔四八〕

經大連，上海，西貢等處。

五 "Glen" line of Steamers.

國籍英國　本店利物浦 Elder Dempster & Co.

香港代理店 Shewan, Tomes & Co.

歐州東洋線

　　　　

屬貨物船經倫敦，香港，上海，日本各港。

六 "Shire" line of Steamers.

國籍英國　本店倫敦 Royal Mail Steam Packet Co.

香港代理店 Jardine, Matheson & Co.

歐洲東洋線

純屬貨物船，航行沒有一定的時期。寄港地爲新加坡，香港，上海，長崎，神戶，橫濱等處。

七 Messageries Martrmes.

交通設施

國籍法國　本店巴黎。

香港支店。

凡爾塞横濱線

停航地　凡爾塞，彝蘇士，新加坡，西貢，香港，上海，神戶，横濱等處。

定期　約二星期一次。

航行日數　凡爾塞，横濱間計四十日左右。

使用船　Athos, Amazone, Atlantique, Annam, Andreleb on, Armand. Porthos, Caledonien, Nera, 等等。

八　Ellerma line

國籍英國　本店利物浦　Ellerman & Backnale S. S. Co., Ltd.

香港代理店　Bank line Ltd.

日本歐洲線

〔四九〕

，日本中國海峽殖民地倫敦等處。

定期　一月約一次。

使用船　City of Bombay, City of Norwich, City of Vienna, Kansas. Keelung, 等等。

第二項　東洋北美線

一　日本郵船有限公司。

國籍　日本。

香港支店。

香港蕃古洼線。

停港地　香港，上海，門司，神戶，橫濱，蕃古洼等處。

定期　約三週一次。

航行日數　香港，蕃古洼間約二十二日。

使用船　佐渡丸、橫濱丸等。

二　東洋汽船有限公司

國籍日本。　本店東京。

香港支店。

香港舊金山線

停港地　香港，上海，長崎，神戶，橫濱，舊金山等處。

航行日數　舊金山香港間二十八日乃至三十日。

定期　一月約三次。

使用船　春洋丸，日本丸等。

三　Canadian Pacific Ocean Sewices, Ltd. (Royal Mail S. S. Line)

國籍英國。本店倫敦。

香港支店。

香港蒂古注線

停港地　香港，上海長崎，橫濱，蒂古注。

定期　二星期約一次，

航行日數　香港，蒂古注間大汽船約二十二日，小汽船約二十五日，

使用船：大汽船　Empress of Russia, Empress of Asia　小汽船　Empress of Japan, Monteagle等

四　Java Pacific lijn

國籍荷蘭，　本店荷蘭。

香港總代理店　Java-China-Japan lijn. Ratterdam Lloyd, Java-China-Japan Lijn, Netherlands S. S. Co　等三公司合同經營。

瓜哇舊金山線

停港地　巴拿馬，香港，長崎，舊金山等處。

交通設施

定期　一月約一次
航行日數　約五十日左右。
使用船 Arakan, Karimaen, Tjisondari, Tjikembang.

五 China Mail S. S. Co, Ltd.

國籍美國。　本店舊金山。
香港支店。
香港舊金山線
停港地　香港，上海，長崎，橫濱，舊金山等處。
定期　約二個月一次。
使用船　China.

六 Ocean S. S. Co. & China Mutual S. N. Co. (Blue Tannel)

國籍英國。

【五三】

香港代理店 Butterfield & Swire.

香港蕃古注線(貨物船)

停港地　香港，神戶，橫濱，蕃古注等處。

定期　二個月中，約二三次。

使用船　Titan, Ixion, Nig Chow, Qanfa, Protesilans, Talthy Cius等。

七　日本郵船有限公司

香港紐約線

停港地　橫濱，斐律濱，香港，上海，神戶，舊金山，巴拿馬，紐約等處。

定期　四星期約一次。

使用船　豐岡丸，對馬丸，常陸丸等。

八　Pacific Mail S. S. Co.

國籍美國。

香港舊金山線

停港地　香港，上海，長崎，神戶，橫濱，舊金山等處。

定期　一月約一次。

使用船　Colombia, Venezuela, Equador等。

九　Dadwell Line of Steames.

國籍英國，

香港總代理店　Dadwell & Co. American Oriental Line.

紐約香港線

定期　一月約一次。

使用船　Muncaster Castte, Botton Castte, Egremont Castte 等。

第三項　南洋南美南非線

一　東洋汽船有限公司

東洋南美線

停港地　香港，門司，神戶，橫濱，舊金山，墨西哥，祕魯，智利等處。

定期　隔月一次。

使用船　安洋丸，紀洋丸，靜洋丸等。

二　Oriental African Line

國籍英國。　本店倫敦 Andrew Weir & Co.

香港總代理店 Bank Line Ltd.

東洋阿非利加線

停港地　日本（橫濱，神戶）中國（上海），海峽殖民他，葡屬阿非利加等。

定期　不定。

使用船　Salamis, Gujeric, Surat 等。

第四項　東洋澳洲線

一 日本郵船有限公司

橫濱墨爾本線

停港地　橫濱，神戶，長崎，香港，墨爾本等處。

定期　一個月約一次。

航行日數　計三十六日。

使用船　日光丸，丹後丸，安藝丸等。

二 Eastern & Australian S. S. Co.

國籍英國。　本店倫敦。

香港代理店 Gibbs, Linvigston & Co.

墨爾本神戶線

停港地　墨爾本，香港，門司，神戶等處。

定期　三個月內約二次。

使用船　Eastern, St. Albans等。

三】Australian Oriental line

國籍　英國

香港代理店　Butterfield &Swise.

香港墨爾本線

停港地　香港渡到墨爾本。

定期　三個月中，約二次。

航行日數　二十七日。

使用船　Changsha, Taiyuan.等

第五項　印度線

一　日本郵船有限公司

A. 神戶孟買線

停港地　神戶，門司，香港，新加坡，孟買等處。

定期　二星期一次。

使用船　遠江丸，孟買丸等等。

B. 橫濱，咯喇蚩線

停港地　橫濱，神戶，門司，香港，新加坡，咯喇蚩等處。

定期　二星期一次。

使用船　錫蘭丸，仁川丸等。

二　British Jcdia S. N. Co.

國籍英國。　本店倫敦。

香港代理店 Jardine, Matheson & Co.

神戶咯喇蚩線

停港地　神戶，門司，香港，新加坡，蘭貢，咯喇蚩等處。

定期　月約一次。

使用船　本公司的船舶，數量很多；所以本航路的使用船，沒有固定的表準。

三　Judo-china S. N. Co.

國籍英國，本店倫敦。

香港代理店 Jardine, Martheson & Co.

神戶喀喇蚩線

停港地　神戶，門戶，香港，新加坡，蘭貢，喀喇蚩等處。

定期　約二週一次。

使用船 Namsang, Kutsang, Onsang, Yatshing, Iaisang 等。

第六項　香港斐律濱線

一　Judo-China S. N. Co.

國籍英國。　本店倫敦。

香港代理店 Jardine, Matheson & Co.

香港馬尼剌線

停港地，香港，馬尼剌間直航，沒有其他的停港地。

定期　約一週一次，

航行日數　單套約二日

使用船　Loonsang, Yuensang.等。

二　China Navigation Co., Ltd.

國籍英國。　本店倫敦。

香港代理店 Butterfield & Swire

香港馬尼剌航線

停港地　香港，馬尼剌，

使用船　Taming, Tean, Chinhua等

第七項　南洋諸島線

一　南洋郵船有限公司(South Sea Mail S. S. Co.)

國籍日本。　本店神戶。

香港代理店 Dadwell & Co.

神戶蘇門答臘線

停港地　神戶，門司，香港，蘇門答臘等處。

定期　約二十二日左右。

使用船　旅順丸，萬里丸等。

二　Java-China Jahan Lijn,

國籍荷蘭。

香港支店。

爪哇中國日本

停港地　日本（神戶，門司，）中國（上海等）香港，爪哇等處。

定期　月約二次，沒有一定的標準。

使用船　Tjiliwang, Tjibadas, Tjipanas, Tjimahi, Tjimanock, Tjitaroem. Tjikini, Tjilatjpa等。

三　Judo-China S. N. Co.

國籍英國，本店倫敦。

香港代理店　Jardine, Mathesn & Co.

香港婆羅洲線

定期　月約二次。

使用船　Hinsong, Mausang.等。

四　Royal Packet Navigatian Co.

國籍荷蘭。

香港代理店 Jsva-China-Japan Lijn

香港汕頭蘇門答臘線

停港地　香港，汕頭，蘇門答臘。

定期　約四十日一次。

使用船　S. Jacob。

【附註】本公司在新加坡，東印度諸島間有定期的航路。

第八項　香港海防線

一　China Navigatian Cc.

國籍英國。　本店倫敦。

香港代理店 Butterfield & Swire.

香港海防線

香港，海口，海防等處。

定期　一星期約一次。

使用船　Sungkiang, Kaifong

二　Cie de Navigatian Tankinais

國籍法國。　本店海防。

香港代理店　A. Mariy & Co.

香港海防線

停港地　香港，廣州灣，海口，海防。

定期　月約二次或三次。

使用船　Hong Kong, Hanor 等。

三　Judo-China S. N. Co. 等

本店倫敦。

香港代理店　Jardine. Matheson & Co

香港海口海防線

定期　二星期一次。

使用船　Taksang, Loksang.

第九項　香港曼谷線

一　China Navigation Co.

本店倫敦。

香港代理店　Butterfield & Swire.

香港曼谷線

定期　沒有一定的標準。

使用船　Changchow, Ouarta, Chengatu, Tungchow, **Hupeh. 等**

【註】有時因裝貨物的關係，兼航汕頭及海防。

二　華暹輪船公司（China Siam S. S. Co.）

係在暹國人所經營，沒有廣大的規模，航行也沒有一定的標準。

第十項　中國沿岸線

一　Judo-china S. S. Co.

國籍英國。　本店倫敦。

香港代理店　Jardine, Mathesou & Co.

A. 香港天津線

定期　二星期一次。

使用船　Chipsang, Cheonsing 等。

B. 廣東上海線

停港地　廣東，香港，汕頭，上海。

定期　二星期一次。

使用船　Wingsang, Choysang, Hopsang, Hinsang, Kwongsang 等。

C. 香港上海門司神戶橫濱線

停港地　隨貨物而轉移，沒有一定的地點。

定期　三星期一次。

使用船　Katsang, Namsang, Laisang, Fooksang, Yatshing, Kumsang,等。

二 China Navigation Co.

國籍英國。　本店倫敦。

香港代理店　Bvtterfield & Swire.

香港天津線

停港地　香港，上海，天津等。

定期　十二日一次。

使用船　Huichow, Kueichow, Luchow, Chenan, Shangtang, Sinkiang 等。

三 Donglas S. S. Co.

國籍英國，本店倫敦，

香港代理店 Butterfield & Swire.

A. 香港天津線

停港地 香港，上海，天津等。

定期 十二日一次，

使用船 Huichow, Kueichow. 等。

B. 香港上海線

定期 一星期三次，

使用船 Anhui, Yingchow, Luchow, Chenan, Shangtong, Sinkiang 等。

四 Denglas S. S. Co.

國籍英國。

香港代理店 Donglas, Lapraik & Co.

A. 香港汕頭廈門福州線

定期　一星期二次。

航行日數　香港，福州間一周航行，約需時九日乃至十日。

使用船　Haitan, Haiphong, Haiyang, Haiching, Haimun 等。【註】

B. 香港汕頭線

定期　一星期二次。

航程　一日。

【註】使用船(甲)(乙)二線，合併使用。

五　招商局(China Merchant S. N. Co.)

廣東香港線

定期　一星期約二次。

使用船　Kwangti, Kwanglee, Hsingchang, Chinguen, Taishun 等。

六　日本郵船公司

國籍日本。

香港總代理店　三井物產公司

大連香港線

定期　二個月中約三次。

使用船　泰平丸等。

七　香港澳輪船公司（Hong Kong Canton & Macas Steam Boat Co.）

國籍英國。　本店香港。

A. 香港澳門線

定期　每日二次。

使用船　瑞泰（Suitai）大山（Taishan）等。

B. 香港廣東線

定期　每日二次。

使用船　河南(Honam)，金山(Kinshan)，佛山(Futshan)，香山(Heungsnan)等。

C. 廣東梧州線

停港地　三水，肇慶，店州等處。

定期　一星期三次。

使用船　西南(Sainam)，南寧 (Naanning) 等。

D. 廣東澳門線

定期　一星期三次。

使用船　海山(Hoisang)

八　West River British S. S. Co.

國籍英國。

香港代理店 Butterfield & Swire.

香港梧州線

停港地 香港，三水，梧州等處。

定期 一星期約二次。

使用船 新會(San Ni)，連灘(Lintan)等。

九 四邑輪船有限公司(Sje Yap S. S. Co.)

國籍中國。 本店香港。

A. 香港廣東線

定期 每日一次。

使用船 大利(Tai Lee)

B. 香港江門線

定期 每日一次(土曜日停航)

使用船　順利(Shun Lee)，安利(On Lee)等。

C. 香港澳門線

定期　每日曜日一次。

使用船　安利(On Lee)。

一〇　粵航有限公司(Canton Navigation Co.)

國籍中國。　本店廣東。

香港支店。

香港廣東線

定期　每日一次。

使用船　播寶(Paul Beau)，(哈德安)(Charles Hardonin)．等。

一一　其他河船舖航路

A. 香港廣東線

1. 元安公司 (Yuen On S. S. Co.) ⎫
兆安公司 (Shiu On S. S. Co.) ⎭ 中國籍。

定期　每日兩地發航。

使用船　廣東(Kwong Tong)，廣西(Kwong Sai)。

2. 志安公司 (Chee On Co.) 中國籍。

定期　每日兩地發航。

使用船　永安(Wing On)，永固(Wing kü)。

B. 香港梧州線

1. 天和公司 (Banker Co.) 英國籍，本店香港。

使用船　新安(San On)，和貴 (Wo kwai). 等。

2. 西江公司 (Sai Kwong S. S. Co.) 中國籍。

使用船　廣英(Kwong Ying)，廣雄(Kwong Hung).等。

8. 濟和公司(Chai Wo S. S. Cr)仝上。

使用船　昇昌(Shing Cheong)、昇平(Shing Plng)、等。

4. 安益公司(On Yich S. S. Co)仝上。

使用船　利近(Lcorne)、西富(Cerb)等。

5. 普泰公司(Poo Tai S. S. Co)仝上。

使用船　廣泰(Kwong Tai)、華安(Wah On)等。

6. 廣永公司(Kwong Wing Co.)仝上。

使用船　高洲(Ko Chow)、大明(Tai Ming)等。

C. 香港江門線

1. 和發公司(Wo Fat Co.)。

使用船　海生(Hoi Sang)。

2. 聯安公司(Lun On Co.)

使用船　海明(Hoi Ming)。

3. 廣安公司(Kwog On Co.)

使用船　南海(Nam Hoi)。

D. 香港澳門線

得利公司(Tak Lee Compradore Shon)代理。

使用船　泉州(Chan Chow)。

帆船及小汽船

廣東三角洲一帶，帆船的交通，很是頻繁；即在香港出入，也屬不少。一年中，香港入港的帆船，約三萬艘，二百十萬噸。往復於廣東西江流域，澳門各地間。又廣州灣，瓊州，北海，以及汕頭，廈門等處也都有帆船的踪跡。雖因汽船航路的發展，帆船貿易有衰退的傾向；但是帆船運費低廉，容積又很大，可以堆積粗雜的貨物；而且汽船停港有一定的時間，不若帆船比較的隨意：這樣的結果，所以帆船自有客觀上的需要，並沒有整個地的絕跡。

這裏就將香港在一九一五年的出入帆船的艘數與噸數,列舉出來。也可以表明不在少數的。

一九一五年	艘數	噸數
入港的帆船		
外國貿易的舢板	一三、四四五	一、四九九、九四四
地方貿易的舢板	一七、一一二	六七一、二七五
總計	三〇、五五七	二、一六七、二一九

右帆船輸入的貨物數量如左:(單位噸)

壞土及石材	三	二二、四七四
一般雜貨	二〇三	四六三、一二三
計	四八九	四八六、二九二

茶牛脈

	艘數	噸數
出港的帆船		
外國貿易的舢板	一三、六五二	一、四五七、七六一
地方貿易的舢板	一七、四〇四	六七五、八一五
總計	三一、〇五六	二、一三三、五七六

右帆船輸出的貨物數量如左:(單位噸)

石油	四七、七九一	一般雜貨	七五五、〇〇四
米	三二五、六八四	計	一、一二八、四七九

次將香港一九一五年出入帆船的地方別，乘客數，貨物噸數列表於左：

入港之部

地名	旅客數	貨物噸數
廣東	—	九六、二七七
西江	三〇、二七八	一四四、六四九
澳門	一	一七、八五五
東沿岸	三八六	九三、七五八
西沿岸	四八	二、四五五
計	三〇、七一三	三五四、九九四

出港之部

地名	旅客數	貨物噸數
廣東	—	六〇七、一〇一
西江	三一、一二八	三六五、四二一

澳門	—	三六、八二三
東沿岸	一、二〇〇	二六、九七一
西沿岸	四四	八、五九一
計	三二、三九二	一、〇四四、五〇六

〔註〕前表關於地方貿易的帆船不在內。

以下將關於一九一五年中小汽船的出入港的艘數，噸數，旅客數，以及貨物噸數列表於左。這使我們對於過去香港出入的小汽船一般情勢，更可以明瞭些。

入港之部		小汽船艘數	小汽船噸數	旅客數	貨物噸數
領海內		二二三、四六九	五、〇一一、四〇三	三、七四六、八九七	二、四〇七
領海	廣東	一、四八二	三八、六四七	—	—
	西江	二四三	八、〇六四	五八	一、六〇二
	澳門	六二九	六、二九九	二、六八一	一、八三七

外 東沿岸	外 其他	計	出港之部 領海內	領海外 廣東	領海外 西江	領海外 澳門	領海外 東沿岸	領海外 其他	計
五〇六	一、〇二三	三、三八五	二二三、四六九	一、四八七	二五七	一二九	五二四	一、〇四〇	三、四三七
二四、五〇七	三六、一七九	一一三、六九六	五、〇一一、四〇三	三八、五九三	八、三八九	六、二八七	二四、九三五	三六、六一〇	一一四、八一四
一三、七一六	一、八六一	一八、三一六	八、七二二、二九八	二一三	四七七	三、二四六	一三、七四九	一、九八六	一九、六七一
三一七	—	三、七五六	三、一八九	四六二	二、二六二	二、九二三	二八八	—	五、九三五

不定期船

以香港爲中心的不定期船(Tramp Steamers)，在數量上是很不少的。香港以經營這些不定期船為業的代理店，因此，也是很多；尤以太古怡和二洋行為最著。

這些不定期船的航行區域大致上以香港為中心經過的區域如上海，營口，大連，法屬印度，中國，暹羅，斐律濱，爪哇，海峽殖民地，以及印度方面。裝運的主要貨物如下：

日本	煤炭	東印度	籐等
爪哇	砂糖	漢口	米豆等
西貢、暹羅、蘭貢	米	安南	鹽
新加坡	籐	海防	石灰石
營口、大連	豆		
印度	蔴袋		

在過去關於這些不定期船的經營，以挪威船為個中巨擘，英德日等次之，但自日俄戰爭的結果，日本船漸漸地增加，挪威船反減少了。從歐洲大戰以後，一直到現在，日本航業有長足的發展，實際上在極東的海運界，把握着異常雄厚的力量；自然英國還具有相當的優

勢，可是一提到中國的航業，卽以內河航運而言，也屬分崩離析，難以收拾，那裏能夠在國際海運界上站得住。最近日本帝國主義，又祕密調查中國航業的底蘊，測量中國的港灣；這種企圖，表示她想操縱中國內河的航業，使她更加便利地迅速地運銷他們的商品，剝削中國低廉的勞動力，榨取中國內地的原料。無疑義地，日本航業的進展，對於香港在海運界上的地位，自然是一個很大的打擊。

第二節　陸運

現在要說到香港的陸運了。

這裏首先自然要說到廣九鐵道。廣九鐵道係廣東九龍間的連絡線，在一九〇六年開工，預定的敷設費爲五百萬元，但因開築隧道的困難，經費因此而不足，以後第二次的預算，便增額爲一千萬元；又因工程的繁重，再增加二百萬元，總計布設費一千二百萬元，於一九一〇年始告竣工。這一段困難的工程，係英國側所擔任，共計五處的隧道，七所的停車場，就中消費最大的爲隧道工程，據說需二十八個月的長時間，經費佔全額三分之一。完成這一段困難的工程以後，因爲沿路沒有大的城市，所以經營上不大繁榮。一年後（一九一一年），廣東政府所布設的一段工程也告竣工；於是完成了聯絡線。這樣便漸漸地有進展的情態。

其實本鐵道的建設，決不是很簡單地，以營利爲目的的交通機關；這種鐵道的建設，顯然地是殖民地政策的一種策略，即所謂鐵道的政策。英帝國主義有她發展的企圖，而且是深遠的企圖。她想籍廣九鐵道的完成，同將來的粵漢鐵道，結成一無懈可擊的侵略中國的「武器」。最近建築粵漢鐵道的呼聲，曾高唱入雲。這一種實際經營的背面，不待言的，英帝國主義便是唯一的後台主人；因爲粵漢鐵道如果完成的一天，英帝國主義從政治經濟上，足以威嚇封鎖廣東的情態，一舉便可將侵略的鐵腕，伸展到長江一帶。實際上，她就支配了全中國。

本鐵道在九龍的起點，曾建築一座廣大的停車場，同香港渡船連絡的地方，更有停船場的設置。這些一方面也是預備將來發展的需要。

此外市內還有平地電車與山上電車的布設。最近又添置公共汽車與無軌電車的市內交通，這些藍紅美麗的公共汽車，反映到「省港罷工時代」的淒涼，令人好像感覺到有兩個不同的世界。

第三節　通信

第一項　郵政

英國佔領香港時，即有郵政局的設置。開辦的時候，係由英本國政府支配，在一八六〇年五月轉移掌理權於香港政府。一八六二年十二月八日開始發行郵票，一八七六年以每年繳納三千百五十磅的條件，加入萬國郵政同盟。香港的郵政局，經營寄往歐洲的郵件，係受多少的損失，但從近距離的郵件上，可以得到相當的塡補。

香港郵政局及其支局的所在地，可列記於下：

香港郵政局——柏托街(Pedder Street)

支局：

A.九龍（尖沙嘴）。B,下環（毛林爾街）。C.西營盆（拍哥夫誤路）。D.灣仔（加伊斯路東面）。E.油麻地（烏提龍路）。

一九一九年到港的郵船計四、五四九艘，比較一九一八年四、五〇一艘，增加四八艘。出港的郵船計六、四六三艘，較一九一八年五、六九七艘，有七六六艘的增加。

又一九一九年中央郵政局的掛號信計九五、五五三五件，比較一九一八年八六二、六二六件，有九二、九〇九件的增加。

郵件的多寡同貿易的盛衰有密切的關係；所以最近雖然沒有關於香港郵件的正確統計，但是可以斷定比較過去一定有許多的增加。

第二項　海底電線

大北電報公司（Great Northern Telegraph Company, Ltd.）及大東電報公司（Eastern Extension Telegraph Company, Ltd.）都有支店設置於香港，經營香港

與其他地方連絡的海底電線。

大北電報公司在一八六九年，完成上海香港間的海底電線，同時設置支店於香港。至於本公司的東洋本部，卻在上海。大東電報公司在一八七一年，完成新加坡，西貢，香港間的海底電線。他所經營的海底電線如左：

(一)香港福洲間。

(二)香港西貢間。

(三)香港馬尼剌間。

(四)香港新加坡間。

(五)香港澳門間。

(六)香港海防間。

(七)香港紅磡灣間。

第三項　陸上電報及電話

中國政府於一八八一年，在香港設置中國電報局。在九龍車站內，也有支局，並且與大東電報公司所經營港東的海底電線聯絡，可以同廣東及其他各地的中國電報局相通。

香港市內電話，係中日電話公司(China & Japan Telephone & Electric Company)所經營，可以同對岸的九龍通話。一九〇六年從香港政府取得二十五年間的經營權。

第四項　無線電報

英國前因歐洲大戰的爆發，切感有設置無線電報的必要。於是在香港東南端的附近，創置無線電報局。一九一五年七月十五日決定限於各航船航行中通信的使用。但在戰爭發生的時候，仍在島上另設軍用的無線電報。

第三章　經濟狀況

第一節　貿易

香港爲極東的一座孤島，從英人種種建設之後，形成爲東洋貿易的策源地，漸次奪取澳門的貿易，牽制廣東的經濟。現在的香港爲世界有數的海港，入港船舶一年中曾超出三千萬噸，貿易額超過五億元。該港不過一座的島嶼，產物不多，沒有廣大的消費；所以在貿易上能有這樣的發展，是因在轉輸貿易上佔絕好的地位。香港位於東洋的咽喉，擁南華的門戶。他不但爲英帝國主義侵略中國的大本營，也不僅爲東洋商業的中心點；而且是中國，日本，荷屬印度，海峽殖民地，暹羅，法屬印度，英屬印度，斐律濱等處移動貨物的中繼港。同時，又是歐美，澳洲，南洋諸島的貨物經過港；於可說是世界貿易接續的核心。該港爲一自由港，所以各種貨物的調查，沒有很可靠的統計。這確是很困難的工作；因爲貨物的繁雜，商店國籍的糾紛，在事實上也不是容易調查的。現在根據比較正確的概算，將關於貿易的統計，列舉於下。這可以使我們明瞭香港貿易的一斑。

一九一九年香港對各國輸出入額表

國名	輸入（磅）	輸出（磅）	計
英國	五、一二九、七八四	二、六九八、八一三	九、八二八、五九七
澳洲	二、三三七、三一三	四六一、四九〇	二、七九八、八〇三
新西蘭	五、九五四	四三、九四三	四九、八九七
坎拿大	四一九、九五〇	四八一、九八六	九〇一、九三六
印度	七、八五八、六五六	二、五四五、三九七	一〇、四〇四、〇五三
錫蘭	一〇、二七四	六六〇、五六五	六七〇、八三九
緬甸	三八七、六九〇	三六七、六八三	七五五、三二八
南非洲	五、七二七	一一二、二一三	一一六、九四〇

東非洲	—	五、八一一	五、八一一
中非洲	一	—	一
海峽殖民地及馬來	三、三一九、二〇五	九、五三九、〇〇四	一二、八五五、二〇九
英屬婆羅洲	二六三、七六三	一七五、四六三	四三九、二二六
西印度	—	一、七二三、九六六	一、七二三、九六六
葡萄牙	—	一〇六、一七三	一〇六、一七三
馬爾太	九四	—	九四
毛里西亞島	七、四三八	—	七、四三八
阿丁	一六一	三七五、〇六二	一六一
埃及	七、五六四	七九、九〇二	三八二、六二六
墨爾本	六、四三〇	七九、九〇二	八六、三三二
中國	一二、五八〇、八八〇	五九、八一二、三八〇	六五、七九三、二六〇
日本	九、六五七、七七七	九、八五七、四〇四	一九、四九五、一八一
荷屬印度	二、九六四、一四九	二、七三四、二三〇	五、六九八、三七九

法屬印度	一三、五五七、二七一	八、七四七、八四五	二二、三〇五、一一六
暹羅	四、七八四、七七一	二、三二五、九四二	七、一一〇、七一三
斐律濱	六一九、四〇三	一、五五二、九一六	二、一七二、三一九
海參威	八、六二一、一五一	六二、三一三	八、六八三、四六四
北美	一七、七五九、〇一一	四、八七六、九四六	二二、六三五、九五七
中美	一、〇一七	一五五、九五七	一五六、九七四
南美	八、三一四	三九四、九一五	四〇三、二二九
北非洲	四七八	二五五	七三三
馬達加斯加島	—	三、七一六	三、七一六
法蘭西	一五一、六二二	五五〇、五二六	七〇二、一四八
意大利	一七 四五九	一〇一、〇七二	一一八、五三一
西班牙	一九、一三二	六、七六二	二五、八九四
葡萄牙	三、五八七	—	三、五八七
挪威	六四、二二四	—	六四、二二四

瑞典	一五、二九一	—	一五、二九一
丹麥	三、一〇五	二九、九四〇	三三、〇四五
荷蘭	二一、九九〇	二〇六、三九五	二八三、三八九
比利時	三、四四一	九三、三〇二	九六、七四三
瑞士	三七、六三〇	三一	三七、六六一
德國	—	一、九七四	一、九七四
總計	九〇、六五一、七〇八	一〇三、九四二、九三四	一九四、五九四、六四二

次將香港在貿易上有密切關係各國的輸出入的貨物，以及金額的多寡，揭之於左。

（一九一九年的）

建築材料

輸入之部		輸出之部	
國名	金額（鎊）	國名	金額（鎊）
英國	六二、二二二	緬甸	一九、六三〇

坎拿大	六一、二五六	海峽殖民地附馬來	二四〇、二七九
英屬婆羅洲	一七一、三三一	中國	二九七、八四七
日本	六一、七一三	日本	一八、六〇四
法屬印度支那	八〇、七六三	荷屬印度	六〇、二六一
暹羅	一〇〇、五七一	印度支那	五六、六八九
北美	七一、五三四	斐律濱	二六、九五四
其他合計	六五五、二九三	其他合計	七五三、〇五二

化學製造及藥物

輸入之部		輸出之部	
國名	金額（鎊）	國名	金額（鎊）
英國	一二三、三〇八	英國	三四、四八一
印度	一一八、〇八九	印度	四六、三三七
中國	一〇九、八九五	中國	二八三、八〇四
日本	一一七、二五八	印度支那	三九、八一〇
北美	五五、一三七	北美	四九二、九二四

輸入之部 國名	金額(鎊)	輸出之部 國名	金額(鎊)
其他合計	五八四、七〇九	其他合計	九六五、四一六

中國藥品

輸入之部 國名	金額(鎊)	輸出之部 國名	金額(鎊)
印度	九九、一一〇	海峽殖民地及馬來	二一九、〇四五
海峽殖民地	一二一、六七八	中國	一、〇九五、五〇七
中國	一、五七八、〇三五	日本	一三〇、一〇七
印度支那	二九三、五六二	印度支那	三六五、一〇四
北美	五五六、一三八	北美	二一三、四九〇
其他合計	二、七九五、七〇八	其他合計	二、四九三、〇二五

染料及鞣皮原料

輸入之部 國名	金額(鎊)	輸出之部 國名	金額(鎊)
印度	一五、五四七	印度	一五、五〇二

海峽殖民地	一六一、九七九	緬甸	一〇、三三六
中國	二一、七三〇	中國	六三三、三七八
日本	二六、三四七	日本	二四、八〇〇
法屬印度支那	七一、九四七	印度支那	一四、六三八
暹羅	三一、一九三	其他合計	七〇八、九二六
斐律濱	二四、七五七		
北美	一一二、六八九		
其他合計	四九一、二八八		

食糧品

輸入之部		輸出之部	
國名	金額（鎊）	國名	金額（鎊）
澳洲	九八二、五三三	印度	一、一〇一、五四〇
海峽殖民地	三二〇、六三二	海峽殖民地	一、三八一、五六七

輸入之部		輸出之部	
中國	二、五九三、一四一	西印度	一、六七六、九七九
日本	一、〇三四、〇五二	中國	一四、一八九、四七一
法屬印度支那	九、四一八、八九[illegible]	日本	七、五六五、七〇九
暹羅	四、〇四〇、七四〇	荷屬東印度	一、〇一五、七五九
北美	五二六、三七七	北美	二、五二五、三八二
其他合計(?)	一七、九八六、五一六	其他合計	三四、三三八、七四七

燃料

輸入之部		輸出之部	
國名	金額(鎊)	國名	金額(鎊)
中國	五〇〇、一八一	中國	六六六、四七[illegible]
日本	二、三六七、二一八	暹羅	二四、三六四
荷屬東印度	三三五、八四九	其他合計	七〇二、三七一
印度支那	二五八、三四四		

【九七】

其他合計	三、五七九、一七九

鐵器類

輸入之部		輸出之部	
國名	金額(鎊)	國名	金額(鎊)
中國	二、八一八	海峽殖民地及馬來	三六、五四五
日本	六〇、六八四	中國	二〇九、三六二
北美	二八二、八六〇	印度支那	八六、九三八
其他合計	四五三、三一八	暹羅	六二、一二三
		其他合計	四三一、三七九

酒類

輸入之部		輸出之部	
國名	金額(鎊)	國名	金額(鎊)
英國	一三五、八二七	澳洲	

海峽殖民地及馬來聯邦	二〇、二四一	緬甸	一二、〇六一
坎拿大	一四、〇九〇	海峽殖民地及馬來聯邦	一〇、三六四
中國	一一九、一八九	坎拿大	六三、九六六
日本	三九、九六五	中國	一二、九七六
荷屬東印度	一六二、六二二	印度支那	三二一、六〇四
北美	三五、六〇四	北美	一九、三五四
法國	五四、九二八	其他合計	二二、四六〇
其他合計	五九九、九〇八		四九六、六四八

機械類

輸入之部		輸出之部	
國名	金額（鎊）	國名	金額（鎊）
英國	二二三、九九二	海峽殖民地及馬來	一六、八七六
海峽殖民地及馬來聯邦	三三、四九九	坎拿大	七、四一三

中國	二一、〇八五	中國	一二七、三一五
日本	一一、九七四	印度支那	一三、九一六
斐律濱	一六、四一三	其他合計	一七六、二四三
北美	二七二、五九七		
其他合計	五八〇、八三六		

金屬類

輸入之部		輸出之部	
國名	金額（鎊）	國名	金額（鎊）
英國	九四五、〇三九	海峽殖民地及馬來聯邦	七六、六〇三
澳洲	一三二、一一二	中國	二、八三一、三七一
海峽殖民地及馬來聯邦	八六一、四〇〇	日本	二〇一、二五一
日本	三三九、二三五	荷屬東印度	八一、八七二
荷屬東印度	五一四、七一三	印度支那	二一二、六二六

印度支那	一、九八五、四一二	北美	一三〇、〇四〇
北美	一、七三二、一〇五	其他合計	三六八、四六九
其他合計	六、七三一、四八三		

礦石

輸入之部		輸出之部	
國名	金額（鎊）	國名	金額（鎊）
中國	五三、四三七	日本	五〇、六三九
其他合計	五四、八三七	北美	一三一、五一〇
		其他合計	二二九、九八五

果實及種子

輸入之部		輸出之部	
國名	金額（鎊）	國名	金額（鎊）
海峽殖民地及馬來聯邦	二四九、〇三九	英國	一〇六、二〇九

中國	九四七、五五二	海峽殖民地及馬來聯邦	五二、〇三二
日本	三〇、〇二八	中國	七四八、〇八八
印度支那	一七九、四〇三	斐律濱	四八、九一四
暹羅	一六、九〇九	北美	七八、八〇九
其他合計	一、四五四、六一二	其他合計	一、二六一、〇三六

油類

輸入之部		輸出之部	
國名	金額（紡）	國名	金額（紡）
英國	五六、三一八	英國	七六七、九七五
海峽殖民地	一六七、三四二	中國	三、四二六、八四四
中國	四一一、七二九	日本	二三六、六三一
日本	二九、五二五	斐律濱	四〇〇、七〇三
荷屬東印度	一、四二五、二四三	北美	五九七、五二七

印度支那	一〇五、四一五	南美	二五八、五四九
斐律濱	二五、二〇五	其他合計	六、五八八、三六一
北美	三、二一九、七六三		
其他合計	五、四七〇、〇八七		

染料

輸入之部		輸出之部	
國名	金額（鎊）	國名	金額（鎊）
英國	一五二、一七七	印度	一八、六三四
日本	一九、八一五	中國	三八七、四二八
印度支那	七一、〇三〇	日本	一四、八三一
北美	五三、一三一	荷屬東印度	三一、五八四
其他合計	四、五九一	其他合計	四七一、二八五

織物

輸入之部 國名	輸入之部 金額（鎊）	輸出之部 國名	輸出之部 金額（鎊）
英國	二、二一二、三三二	印度	六八三、二八四
海峽殖民地及馬來聯邦	四六、二九三	海峽殖民地及馬來聯邦	二九〇、二八四
中國	一、四三七、三〇六	中國	四、八二四、四一六
日本	七一五、八五〇	荷屬印度	三四六、八二七
暹羅	五七、三九七	印度支那	八五三、〇九四
斐律濱	四九、五九一	暹羅	三五六、三三三
北美	一二五、八〇二	其他合計	七、九〇五、〇九七
其他合計	四、六七八、八九四		

鐵道用材料

輸入之部 國名	輸入之部 金額（鎊）	輸出之部 國名	輸出之部 金額（鎊）

英國	三、〇六九	中國	一三、一四八
斐律濱	一、一三二	印度支那	八三六
北美	二〇、一〇九	其他合計	一四、二〇六
其他合計	二八、四五七		

煙草

輸入之部		輸出之部	
國名	金額（鎊）	國名	金額（鎊）
英國	一〇三、〇八三	海峽殖民地及馬來聯邦	一、〇二三、二〇八
緬甸	三九、四四九	埃及	一八二、九四三
中國	三〇一、九四二	中國	八七七、四二〇
斐律濱	一五一、七一三	印度支那	一八三、六三三
北美	四四七、五二九	暹羅	一八九、八二二
其他	一、〇七二、七六	其他合計	三、〇八五、〇六五

貴重品

輸入之部 國名	輸入之部 金額（鎊）	輸出之部 國名	輸出之部 金額（鎊）
澳洲	九八三、七一三	印度	一六四、八九五
坎拿大	二四六、一五四	海峽殖民地及馬來聯邦	四、九一〇、八六〇
海峽殖民地及馬來聯邦	一一三、一九〇	中國	七、五九五、四三〇
中國	三、三六八、四三四	荷屬東印度	四一五、九一二
印度支那	一〇五、五三一	印度支那	二、三〇二、七八一
海參崴	八、六二一、五一一	暹羅	七三二、〇一八
北美	九、一二八、八九一	其他合計	一六、二〇七、八五八
其他合計	二二、五九二、八二〇		

車類

輸入之部 國名	輸入之部 金額（鎊）	輸出之部 國名	輸出之部 金額（鎊）

英國	五、六八九	中國	二九、五九九
中國	八、四七五	荷屬東印度	七、七五四
日本	八、五一六	印度支那	一三、七六九
菲律賓	九、一一八	其他合計	五六、三五二
北美	一二九、九八三		
其他合計	一六七、〇二七		

被服

輸入之部		輸出之部	
國名	金額（磅）	國名	金額（磅）
英國	一七四、三〇九	印度	四六、〇三八
中國	五七、九八四	海峽殖民地及馬來聯邦	七四、六七一
日本	二三〇、八八一	中國	六五九、六三六
北美	七三、三〇三	印度支那	六九、七四〇

		北美	五五、四五九
其他合計	五四八、九八四	其他合計	一、〇六八、九三一

雜品

輸入之部		輸出之部	
國名	金額（鎊）	國名	金額（鎊）
英國	七六四、〇五九	英國	五四五、一九五
澳洲	二五四、〇九七	海峽殖民地及馬來聯邦	八八四、八五九
印度	七、二六九、四三二	中國	一三、五九〇、一〇〇
海峽殖民地及馬來邦聯	一、二〇一、四七九	日本	一、三一一、五一五
中國	九四一、六三六	荷屬東印度	四五六、二六三
日本	四、五〇九、六三一	印度支那	三、二三六、二五八
印度支那	九九一、二五九	暹羅	三八〇、八七六
暹羅	四〇〇、三四九	北美	五一〇、二五三

斐律濱	一五九、〇一二	法蘭西	六七五、四四七
北美	八六四、六三七	其他合計	二三一、三四〇、五八〇
其他合計	一七、八五六、二九七		

前表已能夠表現香港貿易的一般情勢。可是要得比較更切實的理解，還須分述香港對列國的輸出入的關係。

第一項　國別貿易

第一款　中國

香港對華的輸出，佔純輸出四分以上；輸入總額，以全華對港而言，當也有四分以上。並且各國運華的貨物，多屬香港所轉輸。這很可以表示香港對華的貿易，所以這樣頻繁的轉輸各國的貨物，也不能不說是重大的原因。對上海以北的輸出，以砂糖，檀香木，東京米等為夥；對中國南部，除上述諸貨物的輸出外，以轉輸各國的貨物為多。主要的如棉絲，布，毛織物，火柴，石油，錫，鉛，鐵材，鐵製品，製粉，海產物，食糧品，藥材，肥料等。現在將一九一九年到一九二〇年的二年間，砂糖，綿絲布製物，煙草，海產物等的輸出額，列表於下：

	輸出品	一九一九年	一九二〇年
中國中部	綿製品	一、〇五四、五一六（磅）	一、二三九、六〇九（磅）
	綿絲	一、六五三、一九五（磅）	一、〇四〇、〇五一（磅）
	煙草	一四五、九九九（磅）	一三八、九三二（磅）
	精糖	三五九、三〇八磅（一四一、一〇二擔）	五三三、〇七七磅（一三四、一九四擔）
	粗糖	九九、九九八磅（七八、〇四七擔）	六〇、九八七磅（三〇、九〇二擔）
中國北部	綿製品	一、〇三九、七一三（磅）	一六〇、一八一（磅）
	綿絲	二八四、五五九（磅）	一四四、三三五（磅）
	粗糖	一、八六四、八三八（一、一一九、八六〇擔）	二、五九二、三四三磅（九二九、五七〇擔）
	精糖	四、五二三、〇三四（一、六一八、七〇八擔）	七、九二九、八五七（一、八二七、四七二擔）
中	綿製品	二、五三七、二五三（磅）	三、二二九、三七三（磅）
	綿絲	五、二五〇、五七二（磅）	六、一二三、九五五（磅）
	煙草	五七九、〇五九（磅）	七四八、二〇五（磅）

國南部		
海產物	一、一六七、五四八(磅)	一、六八六、六八〇(磅)
米穀	一、四七九、三六二(磅)	九六四、九六二(磅)
製粉	一、〇九八、〇一九(磅)	一、三三八、二二八(磅)
粗糖	三一六、三九八磅(二五九、五五一擔)	三三六、七一八磅(二〇四、三三四擔
精糖	九八一、〇八二磅(四三六、四七二擔)	九九三、六二〇磅(二四九、五五七擔)
糖蜜	九〇、五三九磅(二〇二、六六七擔)	九〇、一四〇(一九六、七一九擔)

輸入貿易的情勢，從來中國北方以豆類，麵，中國酒，豆油，獸皮，果物，生牛，織物等為大宗；南方以煙草，砂糖，麻，坭藍，紙類，果物等為主。現將過去二年間（一九一九——一九二〇），中國北方的重要的輸入品，列表於下：

輸出品	一九一九年	一九二〇年
豆類	七一七、三七五(磅)	六〇七、五二一(磅)
漢藥	一、五七四、二二四(磅)	一、九八七、七六一(磅)
海產物	七〇、五〇三(磅)	一七六、六一六(磅)

小麥粉	四一〇、〇五八(磅)	一、〇三〇、四六九(磅)
白米	二三四、九七六(磅)	四六九、七一〇(磅)
精糖	二、六〇七(擔)	四二、九一六(擔) 二一五、一九六磅)
麵	五二二、六一六(磅)	三三三、六三一(磅)
石炭	四六四、七七六(一二八、三五五噸)	七三六、一〇二(二〇八、五八七噸)
酒	一〇三、〇三三(磅)	二三〇、一一八(磅)
落花生	七二五、一五〇(磅)	九二六、〇九九(磅)
花生油	一九九、七一七(磅)	六四四、〇〇九(磅)
綿製品	四四九、五八〇(磅)	九五二、六五〇(磅)
絹製品	九七三、五八六(磅)	一、五六五、七〇二(磅)
煙草	二九二、七四二(磅)	三一〇、七九六(磅)
食鹽	二四、五五九(磅)	一三三、〇七〇(磅)
綿絲	二八五、九五三(磅)	一、一五二、七〇六(磅)

【註】中國中部及南部的輸入品，在香港藍皮書內都無記載，所以只得暫缺

第二款　英國

香港對英國的輸出重要品以錫，羽毛，精糖，獸皮，以及農產品，鑛物等爲主。據一九二〇年的統計：如錫，羽毛有顯著的增加；但精糖，獸皮等輸出，有減退的傾向。輸入品以綿製品，金屬類爲大宗的貨物；在一九二〇年的輸入總額，曾增加至一千萬磅以上。左係二年間（一九一九——一九二〇）重要輸出入的貨物對照表

輸出品	一九一九年	一九二〇年
精糖	四四四、四八八(磅)(一六八、一八二擔)	一二七、四四二(磅)(三二、二三六擔)
錫錠及塊	三八、九八七	九三五、五四三
羽毛	八、七八九	一四九、〇七九
獸皮	二四三、二七一	一三一、一六五
金屬類	二一二、三九六	二六〇、二〇八

輸入品	一九一九年	一九二〇年

牛乳	二五五、九九五	二四八、四一二
金屬類	九四三、八二四	一、七二一、二八三
鐵釘等	八二、三三五	一五六、一七一
綿製品	一、九四一、六六一	八、九二四、九〇六
毛製品	二五九、〇二一	一、〇三九、八一八
綿絲	三〇、三二一	二〇〇、七八〇
玻璃版	二五、一七八	一四二、一四五
化學藥品	一二三、三〇八	一三一、四一二
植物油	四八、二〇七	八五、九四四
染料	一五二、一七七	一六六、四九六

第三款　印度

香港對英屬印度的重要輸出品，爲精糖及絹類。輸入重要品，爲綿花，錫，海產物，及藥材等。左係其各品對照表：

輸入品	一九一九年	一九二〇年
蔴材類	九九、二一〇(磅)	一六八、〇七四(磅)
海產物	一五三、〇二一(磅)	三三一、四二八(磅)
錫錠及塊	一、九四〇、一四一(磅)	二、八〇九、四一九(磅)
綿花	六、八一三、〇三四(四七三、七〇三鎊)	七、二一一、五六三(三五九、五三六鎊)

【註】鴉片係一異常重要的輸入品須另說明

第四款　海峽殖民地及馬來聯邦

關於對海峽殖民地及馬來聯邦的貿易實有重大的關係；尤其是於近新加坡的發展，更加喚起注意。輸出的貨物中，以煙草，綿製品，火柴，豆類，牛皮，製粉，水門汀等爲重要。至於輸入的，以錫，染料，靴皮，籐等爲主。他的對照表如下：

輸出品	一九一九年	一九二〇年
綿製品	二五五、三三九(磅)	三一九、九二四(磅)
水門汀	二六九、三二〇(磅)	一八八、八八三(磅)

豆類	三五五、一九三(磅)	二七九、八二[illegible]
製粉	一〇八、七九五(磅)	二六一、七八一(磅)
落花生油	一二〇、〇一九(磅)	一五一、八六七(磅)
煙草	一、〇二三、二〇八(磅)	一、〇一五、三三四(磅)
紙製品	一〇三、四一三(磅)	一二八、一五八(磅)
麵	一九五、五八六(磅)	二〇五、四九七(磅)
火柴	五四、三二四(磅)	一〇八、六三一(磅)
牛皮	二一六、五八三(磅)	三二一、一五九(磅)
爆竹	八九、九二三(磅)	一三三、四四五(磅)

輸入品	一九一九年	一九二〇年
豚類	一一九、七七三(磅)	一六八、九八五(磅)
鞋皮	六〇三、五七六(磅)	八二二、六四四(磅)
藥材	一二一、六七八(磅)	六六、一五五(磅)

染料	一六一、九七九(磅)	一三五、五八七(磅)
製粉	七八、一三九(磅)	一一一、五八七(磅)
錫錠及塊	七八六、八三五(磅)	一一五、九一五(磅)
胡椒	二三二、〇七〇(磅)	二〇五、六三七(磅)
油類及其他	一一八、五七七 一六六、〇二七(磅)	一八三、八六一 八二、一四〇(磅)
粗糖	四八、七六九(磅)	三〇、七二 一〇九、六七四(磅)
精糖	九、三四五	一六、七七七 一六八、九八三

第五款　澳洲

以澳洲而言，輸出重要品，以米穀爲大宗。在一九二〇年，穀類輸出，計有十六萬六千餘磅。後增加至二十萬九千餘磅，以總額計，約有十八餘萬磅的增進。輸入貨品以檀香木，小麥粉等爲重要；尤其是檀香木，是一種特別的輸入品；因爲檀香木專供華人祭神禮佛的需要，而這種需要，不斷地都仰給於澳洲。

第六款　坎拿大

香港對坎拿大的重要輸出品，以米穀爲大宗，輸入以海產物及木材爲首，次之是酒，紙等。就中木材及海產物，以一九二〇年而言，各有五，六萬磅的輸入。

第七款　婆羅洲

輸入重要品中以堅木海產物爲主，其餘是胡椒，算珠，石炭，獸皮等。以一九二〇年計，就中堅木的輸入，爲十一萬一千餘磅對十三餘萬的增加，海產物爲三萬餘磅對四萬二千餘磅的增加。以總額上的表示，約有七萬餘磅的增進。

第八款　緬甸及其他英屬地

對英屬緬甸的重要輸出品，以水門汀，藥材，海產物，綿布，食糧品，紙類，爆竹等爲主。重要輸入品，爲米穀，煙草，鉛等。左係其對照表。

輸入品	一九一九年	一九二〇年
米穀	二六七、六五七(磅)	一二〇、七八〇(磅)
煙草	三九、四〇六(磅)	一四八、四八三(磅)

鉛	一二、五八七(磅)	九七、三〇二(磅)
棉花	——(磅)	二〇、九〇八(磅)

至於對英屬埃及，以一九二〇年而言，計有小麥粉二十四萬餘磅的輸出，對錫蘭計有米穀類三十六萬餘磅的輸出。其他英屬地，卻沒有明確的統計。

第九款　法屬印度支那

輸出以棉絲布為大宗。其餘如藥，茶，絹製品，小麥粉，煙草等。在總額上，約有二百八十萬磅的超過。

輸入品以雲南所產的錫，石炭，米穀，製粉，海產物，粗糖，獸皮，漢藥等。對照表如下：

輸出品	一九一九年	一九二〇年
鑛油	一六七、七〇九(磅)	一五七、〇〇五(磅)
金屬類	二一六、七二四(磅)	三八八、九九一(磅)
紙製品	二二九、九三九(磅)	二三九、八九四(磅)

漢藥	二六五、〇九七（磅）	四二〇、四五七（磅）
小麥粉	二五〇、九二五（磅）	三八三、二一二（磅）
精糖	九六、二四（磅）	一二六、八六五（磅）
綿絲	一、九〇六、七四五（磅）	二、六九九、五五二（磅）
綿製品	三二二、一四七（磅）	六二九、五八一（磅）
絹製品	五〇七、〇〇八（磅）	七四九、一七七（磅）
茶	二〇四、六四一（磅）	三六一、一四九（磅）
麵	七〇、一七四（磅）	一一二、〇二四（磅）
煙草	一八三、六三三（磅）	二三七、五一六（磅）
油類	一二九、五三一（磅）	八一、三六二（磅）
爆竹	五八、六二四（磅）	一〇八、八一〇（磅）

輸入品	一九一九年	一九二〇年
漢藥	二九三、五六二（磅）	二九七、二六五（磅）

	一九一九年	一九二〇年
海產物	三八八、六五三(磅)	四〇七、八〇四(磅)
製粉	三八〇、七一三(磅)	六四九、九四〇(磅)
穀類	八、五六五、八四三(磅)	一三、〇四五、五八六(磅)
紙糖	一四九、二六九(糖)	一〇一、九〇二(糖) 三〇六、九八(紙)
石炭	二八五、一四四(磅)	三五〇、三四七(磅)
錫	一、九四〇、一四二(磅)	二、八〇九、四一九(磅)
獸皮	四三二、一八〇(磅)	二四四、一八(磅)

第十款　荷屬東印度

對於荷屬東印度的輸出品，以綿製品及米穀為首，其餘如水門汀，絹製品，煙草等。輸入以其特產品糖為大宗，錫，籐等次之。重要輸出入品的貿易對照如左：

輸出品	一九一九年	一九二〇年
綿製品	三三一、三五三(磅)	五三二、七四六(磅)
水門汀	五五、六一二(磅)	三〇〇、〇二一(磅)

米穀	八三九、四二四(磅)	一四七、一六二(磅)
煙草	一六二、三〇〇(磅)	二九一、七六五(磅)
花生油	一二〇、〇一九(磅)	一五一、八六七(磅)
爆竹	七二、三五一(磅)	一三六、〇四九(磅)
絹製品	一二三、〇〇一(磅)	一六八、二〇三(磅)

輸入品	一九一九年	一九二〇年
海產物	九五、三九六(磅)	一〇六、六五〇(磅)
粗糖	四、二三六、六六六(擔) —	一、九一九、五六二(擔) 八、五九九、〇六一(磅)
精糖	一五六、五三三(擔) —	二五七、八八七(擔) 一、〇〇九、九六二(磅)
液體燃料	三三五、八四六(磅)	四六七、五九八(磅)
酒精	一六一、八三六(磅)	一七七、二八八(磅)
錫錠及塊	五〇七、八二七(磅)	一一五、六六八(磅)
油	一、一九二、四三三(磅)	一、三一〇、〇二〇(磅)

絛	八九、一〇八(磅)	一八五、八六五(磅)

第十一款 暹羅

重要輸出品以鑛油，煙草，火柴等爲主。輸入品以米穀，海產物，砂糖，木材等佔大部分。對照表列擧如左:

輸出品	一九一九年	一九二〇年
烟草	一八九、八二二(磅)	一九三、四〇〇(磅)
鑛油	一六一、一四二(磅)	二〇二、一九〇(磅)
火柴	一五〇、三三二(磅)	一六五、〇四〇(磅)
海產物	一八四、二六三(磅)	二一四、二三三(磅)
米穀	三、六五六、四六四(磅)	二一六、八一四(磅)

輸出品	一九一九年	一九二〇年
牛乳	一五五、八三一(磅)	——(磅)

【一二三】

木材	一四六、四〇七(磅)	一四六、七七八(磅)
粗糖	三、六八二(擔)	六四、九〇九(擔)一七八、〇三四(磅)
精糖		二、八八七、二三、九一二(鎊)

第十二款 斐律濱

對斐律濱重要的輸出品，爲米穀，綿製品，水門汀，雞蛋，鑛油，豚脂等。輸入以砂糖，煙草等爲主。

輸出品	一九一九年	一九二〇年
綿製品	六二、七三二(磅)	六八八、八一四 磅)
米穀	二六、七七二 磅)	一、四二二、六七〇(磅)
水門汀	二六、一七五(磅)	八九、九五八(磅)
鑛油	二四〇、〇四二(磅)	一三一、四六一(磅)

輸入品	一九一九年	一九二〇年

豚脂	一一六、四九三(磅)	一七〇、九八八(磅)
粗糖	三(擔)、七(磅)	四九、八三四(擔)一五六、二二一(磅)
精糖	三一三(擔)、〇三五(磅)	六、〇四九(擔)二五、三七四(磅)

第十三款　美國

美國最近竭力擴張航路於東洋；因此同香港間的貿易，愈加頻繁起來。從來輸出品，以廣東產的絹布，生絲米穀，陶器，植物油（桐油及落花生油）等爲多。最近以米穀輸出爲大宗。輸入爲小麥粉，石油，人參，金屬類，及機械類等。

輸出品、	一九一九年	一九二〇年
米穀	一、八九八、七四六(磅)	二、〇七二、六〇一(磅)
樟腦	四九〇、九九二(磅)	三三九、二六二(磅)
漢藥	二一二、三九九(磅)	二一七、七〇八(磅)
錫錠及塊	一二八、三八六(磅)	一、五五〇、一九[illegible](磅)

植物油	五二二、三一一(磅)	七八三、七三一(磅)
竹製品	二六 九二七(磅)	一三九、六〇九(磅)
毛髮	五一、九〇八(磅)	一二〇、七三八(磅)
籐類	一〇八、二六六(磅)	四八〇、六〇二(磅)
機械	二七二、五九七(磅)	二一九、七六七(磅)
鐵道材料	四四七、五三一(磅)	二六九、五一八(磅)
海產物	六〇、六九三(磅)	一七三、七八六(磅)
牛乳	二五五、九五九(磅)	二四八、四一二(磅)
錨釘	二八二、八六〇(磅)	三三〇、〇九三(磅)
染料	五九、五八二(磅)	一三一、七八六(磅)

輸入品	一九一九年	一九二〇年
鑛油	三、二一六、三七一(磅)	三、〇八〇、四〇八(磅)
金屬類	一、七三二、一〇五(磅)	一、六〇五、九八六(磅)

染料	五八、一〇七(磅)	二〇二、三六四(磅)
綿製品	一一九、一三四(磅)	一三三、六二三(磅)
綿絲	七〇、七九二(磅)	六四七、七三六(磅)
液體燃料	四六、六二一(磅)	二二八、五九八(磅)
煙草	四四七、五三一(磅)	二六九、五一八(磅)
紙類	一六六、八九四(磅)	二六八、二三〇(磅)
小麥粉	三三、九二五(磅)	五三八、六八八(磅)
粗糖	一、〇九四(擔) 三三、一八〇(磅)	一三四、二〇九(擔)七三五、五八七(磅)
精糖	八、一〇〇(擔) 二九、八三〇(磅)	三四六、八七六(擔)二、〇四五、三九五(磅)

第十四款　法蘭西及其他

關於法蘭西的貿易輸出以樟腦，白米，生絲，藥材等爲主。輸入品多係綿布，酒精，裝飾品等。

荷蘭貿易，輸入以染料，鐵類等爲重要。

【一二七】

第十五款 日本（包含朝鮮及台灣）

香港與日本間的貿易，輸出品從來以砂糖，錫，鉛，蔗袋，檀香木，木材，以及其他雜品等等；重要輸出品的對照如左：

輸出品	一九一九年	一九二〇年
淡藥	一三一、三八九（磅）	一五〇、一八〇（磅）
金屬品	二〇〇、八八二（磅）	六三九、七六九（磅）
油類	一九二、八一九（磅）	二七七、一〇三（磅）
綿製品	二〇五、六五一（磅）	一〇一、四二二（磅）
綿絲	一〇〇、〇五〇（磅）	一二、四五三（磅）
蔗類	四七二、九七六（磅）	二七〇、九〇〇（磅）
牛皮	一六四、八一一（磅）	一四五、一七九（磅）
米穀	六、四〇二、一〇二（磅）	一、五二九、〇七九（磅）

輸入品	一九一九年	一九二〇年

建築材料	六一、四一二磅	二〇、一四八磅
漢藥	一八〇、三六八	二三四、二二八
海產物	六九四、九四二	八二五、四八八
紙類	四九五、七四五	四二四、二四〇
衣服類	二三〇、八八一	三〇一、三三三
石炭	二、三五九、六一一（六五八、五七二噸）	二、四四二、五三二（六四五、三四八噸）
牛乳	一五六、七二〇	一六八、八七一
金器類	三四三、二四九	三九三、九六四
綿製品	六六一、〇九三	一、三二〇、〇三〇
綿絲	二、〇一九、一一八	三、三五二、六七八
綿	六四、七四〇	一〇七、五五七
粗糖	—	四二、〇三一
精糖	一六八	二五〇、八八四

關於國別貿易的情勢，以上已有比較簡要的記述。此後我們要轉移到輸出入品的本身問題上去了。

第二項　重要的輸出入品

第一款　米

米爲本港最重要的輸出入品。據一九〇十年的調查：輸入總額約七十二萬噸，金額計六千萬元；輸出有五十三萬噸，金額達四千五百萬元。該港消費額約九萬噸，計七百六十萬元。就中以西貢米佔大部分，暹羅，東京等處米次之，普通產地每年的輸出能力：西貢約百二十萬噸，暹羅百萬噸，闌貢二百四十萬噸，東京約有十五・六萬噸。西貢米銷路頗廣，但品質以暹羅米爲最，東京米係法屬印度支那的北部，卽紅河流域的南甯及北甯方面所產。全部都由海防輸出。一部輸送於兩廣。闌貢米產於緬甸，銷路次於上述的諸米，但近年對廈門臺灣也有相當的輸出。

左係香港三年來（一九一八——一九二〇）米的輸出入額對照表

（輸出額包含米粉及米糖）

——據香港三井物產公司調查——

國別	一九一八年	一九一九年	一九二〇年 第一四半期	一九二〇年 第二四半期	一九二〇年 第三四半期	一九二〇年 第四四半期	一九二〇年 合計
英國	一、九六六擔	二三擔	四擔	五五擔	八四八擔	六、七一五擔	七、六二二擔
澳洲及新西蘭	六六、四〇三	九九、三五〇	一七、五五〇	一九、五九五	三三、一三八	三六、三三〇	八六、〇三三
坎拿大	三〇九、六六八	二七七、七七六	一五九、九〇三	五四、七七六	五、四三三	一三、七六一	二三三、四八〇
印度及錫蘭	一四四	一七三、七一〇	三六八	三九九	一一	六七	六八八
南非洲	一三、四六八	三三、四四四	—	—	—	—	—
海峽殖民地	五、五三九	四一、一二五	九〇二	一、三三三	五八七	五、二七六	七、九八四
英屬婆羅洲	三、〇一八	一四、三六八	—	—	—	—	—
摩鹿西亞島	—	一、〇九七	—	—	—	—	—
其他英屬地	—	—	三五、三三六	一七、九五七	三〇、九三四	六九、三一四	一三一、三二三

【一五二】

中國北部	三六、六四二	四、七六三	一、〇四八	一、一七四	五三、四六〇	五三、二六九	八九、〇六三
中國中部	八四九、九四三	六七、五三七	二九	五	三一、三三三	七一、四三四	九二、六九九
中國南部	七、八五三、一四九	三、三三九、四六七	四六七、四六三	五〇三、〇三二	三三〇、九四三	一、〇三二、四四三	三、四三三、八八〇
日本	二、九三九、九三七	四、一四三、五九三	一〇六、〇九三	一一〇、〇六八	四五五、〇三三	一七三、〇九五	八二四、七一〇
荷屬印度	九、〇六〇	二七七、九二六	一八、三二〇	四一、四二〇	三一、一六九	一五、六五三	九四、一五六
斐律濱	三四八、五九四	一五五、三二四	九、六七三	三三、三三三	三〇、四八九	[illegible]	九六五、六一二
法國	—	—	—	一五、〇〇一	—	四	一五、〇〇六
北美	二、三三〇、七〇二	八〇九、三三七	二七九、三二〇	三五一、一一〇	七四、四六〇	三七、三〇七	六四三、一九六
古巴	三三五、一六九	八二一、六八三	九七五、三四五	二八四、一二八	五七、五三三	三三、六四〇	一、三五〇、六三五
中美	六四、四四三	四三、〇六六	—	—	—	—	—
南美	三九九、一八〇	一七、五八九	—	—	—	—	—
其他	八〇五	九七一	三九、九九七	四六、一一三	一三八、四九三	一六七、一八四	四九一、六七七
總計	一五、五〇三、五四一	一〇九、九二三	三、〇八九、三二五	一、六六八、八七	一、五三三、三五八	二、〇四五、一六三	七、三三五、三五三
價額（依香港藍皮書）	三三、三三六、四三二磅	七、四九三、三〇七磅	—	—	—	—	一六、七〇、九三〇

輸入額（包含米粉及米糖）

國別	一九一八年	一九一九年	一九二〇年 第一四半期	第二四半期	第三四半期	第四四半期	合計
英屬印度及緬甸	三二、六六四擔	一九三、四五三擔	四、六八擔	三三、二四〇擔	三〇、三二一擔	一〇〇、四七七擔	一五三、三四擔
海峽殖民地	三六、〇一三	四四、一四〇	二七、九六六	七六九	一六〇	三三六	二九、一八二
中國北部	八、七〇八	一二五、六八三	九一、五三三	一〇一、九三三	一〇、〇九二	四一五	二〇三、九九三
中國中部	二五八	一〇、一七三	一四、一六九	一八、八四〇	八九	三五七	三三、四四
日本	九、九三三	一〇、三三八	一、〇七七	二、三八九	三九	一九一	三、六七六
法屬印度支那	一六、五三三、一八四	六、九三三、一五四	三、九四〇、四三一	一、一九四、九一七	一、三三一、九九八	一、九一八、五九四	七、三七五、九四〇
暹羅	三、七四四、〇六一	二、三七八、九七五	四三〇	一三八	二、五一八	三四〇、八二九	三四四、〇〇五
其他諸國	四四	五、五六九	一、〇三〇	一六六	一二九	—	一、三二五
總計	一九、六六〇、八三三	二一、一一〇、六二四	五、〇九四、六八九	一、三四一、四九一	一、四〇五、六四七	二、六一一、三五七	八、一〇三、六八四
價額（依香港監督書）	一三、六八五、八二一弗	二六、七六六、一九三弗	—	—	—	—	—

第二款　砂糖

【一三三】

砂糖屬香港重要貿易品之一，同其他轉輸貨物有別，原料多取自爪哇的粗糖，經太古怡和二製糖工場的精製而大部分向中國內地及印度，斐律濱，英，美等處輸出。香港的製糖業，經營的狀況事業的內容都是嚴守祕密的，這樣自然不易深明各製糖公司的底蘊；但據推測的結果：太古精糖公司一日有六、七千擔生產的能力；而中華精糖公司（中華火車糖局）也有三、四千擔生產的能力。以後二公司都有相當的進展。但近因日本糖的興起，爪哇糖的競爭，也不得不處於衰敗的狀態了。

左係其二年間（一九一九——一九二〇年）國別貿易的輸出入數量表：

[illegible]

國別	一九一九年 冰糖	蜜糖	粗糖	精糖	合計	一 冰糖	蜜
中國北部	[illegible]	[illegible]	[illegible]	[illegible]	[illegible]	[illegible]	[illegible]
中國中部	[illegible]	[illegible]	[illegible]	[illegible]	[illegible]	[illegible]	[illegible]
中國南部	[illegible]	[illegible]	[illegible]	[illegible]	[illegible]	[illegible]	[illegible]
中國合計	[illegible]	[illegible]	[illegible]	[illegible]	[illegible]	[illegible]	[illegible]
日本	—	[illegible]	[illegible]	[illegible]	[illegible]	—	
英國	[illegible]	—	[illegible]	[illegible]	[illegible]	[illegible]	
澳洲	[illegible]	—	[illegible]	[illegible]	[illegible]	[illegible]	
坎拿大	[illegible]	—	[illegible]	[illegible]	[illegible]	[illegible]	
印度	[illegible]	—	[illegible]	[illegible]	[illegible]	[illegible]	
錫蘭	—	—	[illegible]	[illegible]	[illegible]	—	
緬甸	—	—	—	[illegible]	[illegible]	—	
海峽殖民地	—	—	[illegible]	[illegible]	[illegible]	—	
埃及	—	—	—	[illegible]	[illegible]	—	
其他英屬	[illegible]	[illegible]	[illegible]	[illegible]	[illegible]	[illegible]	
荷屬印度	—	[illegible]	[illegible]	[illegible]	[illegible]	[illegible]	
法屬印度支那	[illegible]	—	[illegible]	[illegible]	[illegible]	[illegible]	
暹羅	[illegible]	—	[illegible]	[illegible]	[illegible]	[illegible]	
菲律濱	[illegible]	[illegible]	[illegible]	[illegible]	[illegible]	[illegible]	
美國	[illegible]	[illegible]	[illegible]	[illegible]	[illegible]	[illegible]	
古巴	[illegible]	—	—	—	[illegible]	[illegible]	
法國	—	—	—	[illegible]	[illegible]	[illegible]	
其他	[illegible]	—	[illegible]	[illegible]	[illegible]	[illegible]	
總計	[illegible]	[illegible]	[illegible]	[illegible]	[illegible]	[illegible]	[illegible]

第三款 綿絲(Cotton Yorn)

本品由印度及日英二國所輸入。販路西至兩廣雲南；北至廈門一帶；南至安南，斐律濱，南洋羣島等處。綿絲大致可分為下列二種：

一 印度綿絲——全部係由孟買所輸入，計有四十餘種之多，價格較一般為低；所以需要範圍很廣闊，販路也穩定。但近因日本絲的發展經營，受了相當的影響。

二 日本絲——從京濱地方運來的最多，較上述印度絲細毛少而光澤；所以在兩廣，雲南，斐律濱等處，都有相當的販路。

左係綿絲輸出入的對照表：

輸出額

國別	一九一九年 數量(擔)	一九一九年 價額(鎊)	一九二〇年 數量(擔)	一九二〇年 價額(鎊)
英國	—	—	七	三九九

輸入額

印度	四八	九九二	八、三〇九	一六八、七二一
海峽殖民地	八	一九二	三八六	七、八五五
其他英屬地	—	—	三	二三〇
中國北部	二〇、一三五	二八四、五五九	七、五二五	一、四四三、三三五
中國中部	九六、〇七一	一、六五三、一九五	四七、四二八	一、〇四〇、〇五一
中國南部	三一五、二五七	五、二五〇、五七二	三三〇、七三九	六、一二三、九五五
菲律濱	三、〇九四	四二、三三一	七、七二二	一五九、六七一
暹羅	六	九七	九九	一、八五五
日本	六三七	一〇〇、〇五〇	八二五	一二、四五三
法屬印度支那	一二一、八三四	一、九〇七、七四五	一四八、八三七	二、六九九、五六二
荷屬印度	一八〇	五、一六一	九二九	一四、七三一
總計	五六一、六八六（一八七、二三〇袋）	九、二四四、八九七	五五二、八〇六（一八四、三〇〇袋）	一〇、三七三、五八八

國別	一九一九年 數量(擔)	一九一九年 價額(鎊)	一九二〇年 數量(擔)	一九二〇年 價額(鎊)
英國	八五八	三〇、三一二	四、八七一	二〇〇、七八〇
印度	四三三、八〇三	六、八一二、〇三四	三五九、五二六	七、二一一、五六三
緬甸	—	—	三九〇	九、二六九
海峽殖民地	六〇三	一八、四二三	五七	二、二〇四
中國北部	一七、六二〇	二五八、九五三	七一、八二一	一、一五二、七〇六
中國中部	—	—	二二二	四、四一二
日本	一〇一、七四五	二、〇一九、一一八	一六五、三三二	三、三五二、六七八
暹羅	一五〇	四、一五五	—	—
斐律濱	—	—	六〇	二、一二四
美國	三、一三三	七〇、七九二	一五五、九三九	六四七、七三六
荷蘭	—	—	一四八	四、八七一
法屬印度支那	一六六	二、三一二	八七二	一二、四九九

總計	五五七、九六〇 (一、八五五、九九〇錢)	九、二四三、一〇七	七五九、二五五 (二、五三〇、〇〇〇錢)	一二、六〇〇、八四二

第四款 棉花(Cotton)

本港棉花的輸入，大都係西貢及緬甸等處所產。種類除西印度所產的海島棉，陸上棉外，還有中國棉，埃及棉等。對日本各地都有相當的輸出。香港重要的棉花商舖，計有三井，昌盛，同孚泰，元發等等。

第五款 綿織物(Piece Goods)

綿織物為香港重要的輸入品，並且又是重要的轉輸品。在第一次世界大戰前，香港綿布類的輸入，幾乎整個為英國製品所佔，日德製品不過僅少僅少罷了。戰後，德品絕跡，日本品因此而有長足的發展；尤其是特製品浴巾一類，形成日本的獨佔市場；然在整個上說來，英國品還保持相當的優勢。需要地除中國南北沿岸各港以及珠江沿岸各都邑外，對馬尼剌及其他英法殖民地，南洋羣島一帶，都有廣大的販路。

第六款 煤炭(Coal)

香港所輸入的煤炭，每年平均有百萬噸的左右。除對廣東，暹羅，印度支那等有極少的輸出外，大部分係供給該港的消費。可以謂是「非再輸出」的輸入品。輸入炭的用途，約有半額，供諸船舶的燃料，其他半額，都供給各工場的需要。如太古，渣甸二精糖公司，水門汀公司，煤氣，電氣等諸工場，以及九廣鐵道電車公司等等。煤炭的輸入，以日本產爲最多。次之爲澳洲，撫順，開平，紅基煤等雜煤，此外軍用煤多係英國所輸入。各種炭的區別以及他的品質用途，略述於下：

一　日本煤

A. 三池煤　本煤的類別，爲塊炭，鑄炭，小塊等。塊炭及鑄炭，主要的，是供給各汽船的需要，其他多爲諸船渠及工場的使用。炭質比較地帶「粘着力」。火力頗强，適宜於汽船的需要。

B. 門司煤　爲日本筑豐各煤礦產品總稱。適應鐵道機關軍的需要，諸粉炭可供小蒸汽船的使用。

C.夕張煤　品質上，屬於一，二等的煤。塊大，稍帶藍色，供給煤氣原料的需要。

二　開灤煤　為開平灤洲的煤礦門產，煤質多灰分。可供鐵道等的需要生產費頗低廉，在香港有相當的銷路。對於日本煤台灣煤是市場上的一個勁敵。

三　開蒂福煤　品質上，屬最優良的無煙煤。價格也最高，全部都供軍艦的需要。

四　澳洲煤　品質良好，可供船舶的需要。十數年輸入很多，近因日本煤中國煤的競爭，市場比較地縮少了。

五　撫順煤　煤塊頗大，外觀良好，燃燒也速，所以火力比較地強。

六　婆羅洲煤　從來多經渣甸等洋行而輸入，大致煤質上還不錯，可供汽船為混合的燃料。

七　鴻基煤　為緬甸東京地方所產，本質接近於無煙煤。主要的，係供給各汽船及工場的使用。本煤與日本的三池煤混用，為供給各工場最好的燃料，

現在依據香港藍皮書將一九一九——一九二〇年的煤輸出額，以及國別，揭之於左。

輸入表

國別	一九一九年	一九二〇年
英國	—	一九七噸 三四二磅
澳洲	—	二、四九八噸 一〇、四一一磅
印度	一〇、一六七噸 三六、一四三磅	—
英領北婆羅洲	二、二〇二噸 九、二二〇磅	—
中國北部	一二八、三五五噸 四六四、七七八磅	二〇八、五八七噸 三七六、一〇二磅
中國中部	一五 五	—
中國南部	未詳 未詳	未詳 未詳
日本（台灣朝鮮在內）	六五八、五七二噸 二、三五一、六一一磅	六四五、三四八噸 二、四四二、五三二磅
法屬印度支那	一二〇、八〇六噸 二五八、一四四磅	一六一、三九〇噸 三五〇、三四七磅
斐律濱	—	二五〇噸 七七三磅
總計	九二〇、一〇七噸 三、一一九、九〇五磅	一、〇一八、二七〇噸 三、五四〇、五〇七磅

【一四三】

【四圖】

輸出表

國別	一九一九年（噸）	一九一九年（磅）	一九二〇年（噸）	一九二〇年（磅）
英國	二〇噸	四一磅	—	—
印度	—	—	五〇〇噸	九七九磅
海峽殖民地	五九六噸	三、五五七磅	四〇五噸	二、九五四磅
中國北部	五〇噸	一六四磅	二五一噸	八五七磅
中國中部	一一二噸	二六七磅	一、六五八噸	五、七六七磅
中國南部	二〇九、六〇九噸	五八四、三七二磅	二五四、四八七噸	七〇七、二一八磅
日本（臺灣朝鮮在內）	六噸	二〇磅	二〇二噸	六一四磅
法屬印度支那	五四三噸	一、七四五磅	三、五七八噸	九三〇磅
暹羅	三、九九二噸	一九、八七九磅	二、二四一噸	八、〇三七磅
總計	二一四、九六八噸	六一一、〇四五磅	二六〇、三二二噸	七二八、六五六磅

第七款　鑛產物

A 錫

錫爲香港重要的貿易品，輸出入數量約佔全礦產物四分之一。多屬雲南，廣西等處所產。由海防，梧州等各地而輸入。輸出與輸入，約佔半額，除對中國沿岸有輸出外，其他如日本，海峽殖民地，法屬印度支那等處，都有相當的貿易。

B 鐵

鐵的輸入金額，較錫爲次。計有二百萬磅的左右。香港的船渠工場，消費了一部分外，對英，美都有輸出，次之爲中國北部及日本。

依據香港藍皮書的統計：鐵類的輸入額，在一九一九年百九十六萬九千餘萬磅中，鐵棒爲二十九萬二千餘擔，五十九萬九千餘磅，鐵版佔二十四萬四千餘擔，四十四萬八千磅；一九二〇年二百五十萬九千磅中，前者佔二十九萬六千餘擔，五十四萬二千餘磅，後者爲二十五萬六千餘擔，計達四十五萬三千餘磅，至於輸出的數額，鐵棒在一九一九年至一九二〇年間，各佔二十一萬餘擔，價額在一九一九年爲三十萬七千餘磅，一九二〇年達四十四萬五千餘磅；鐵版多係該港所需要，所以輸出的很少。

C 鉛

鉛大部分為澳洲所產，總輸入額一年中約有四，五千噸。該港的消費，約由二千噸乃至二千五百噸。其餘向中國內地，日本，法屬印度支那等處，都有相當的輸出。

D 銅

銅多係日，英二國的產品，日本品多向廣東，法屬印度支那等處輸出。該港關於銅的用途，大都供給造船及日常器物的需要，廣東方面除為造幣的原料外，也兼為創製器具的主要品。

第八款 油類

香港輸入的油類，可分為鑛物性油與植物性油二種：前者主要的都係從美國而來，除該港消費外轉輸於兩廣及他處；後者大部分由廣西，緬甸，東京，福州，營口，上海等各處而來，多屬落花生油，主要的以轉輸英，美，海峽殖民地，中國沿岸等地為多。

A 石油

石油以美國及婆羅洲輸入爲主，多供燈火的需要。市場很是廣闊，如珠江沿岸的都邑，福建及各內地，海防，台灣等處，都有販路。

B 機械油

機械油都係荷屬東印度及美國所輸入，其他如海峽殖民地，法屬印度支那，英國，斐律濱等處，都有相當的輸入，用途除供給該港各工場及汽船的需要外，其餘多轉輸於廣東及各沿岸。

C 落花生油

落花生油多來自中國北部及長江沿岸一帶，都輸出於有華僑存在的地方。主要的如海峽殖民地，美國，暹羅等處。

D 桐油

桐油爲中國特產物之一，多產於長江沿岸。

福州所產的桐油帶茶褐色，廣西所產的多混合物，所以帶濃褐色，用途大都爲油布的原料，以及供給雨傘爲塗料的需要。

第九款　麥粉

麥粉從來爲香港重要的貿易品之一，過去多仰給於美國，後曾因歐洲大戰的關係，大部分都充當軍需品，所以價格突然高漲；因此，美國麥粉的輸入，漸漸地減少了。這樣的結果，使中國粉，日本粉等輸入，反增加起來。以後，坎拿大澳洲等處的麥粉，也出現於市場了。每年平均的輸入額，約五萬袋，價額在千百萬元以上，再輸出額約四百五十萬袋，價額計有九百餘萬。

第十款　海產物

該港海產物的貿易，年額總計約二千六百萬元的輸入，輸出額約千九百萬元，爲重要的輸出入品。

日本因地勢上的關係，海產極豐，所以海產國的名稱；因此，該港的海產輸入，自然以日本爲最多。種類有鮑，蝦，鹽，魚等等。

第十一款　麻袋

麻袋爲裝置砂糖米茶等貨物的必需品，以向國中內地，日本，臺灣等處輸出爲多，係廣東雷洲半島及肇慶地方的特產。前者從廣州灣而經拱北；後者經廣東九龍，江門，三水等處而輸出。香港爲一大的集散地，都由汽船向各處輸出。這裏可以附帶地說到，印度有麻袋的特產，主要除裝穀外，兼當包藏砂糖的需要，在該港也屬重要的貿易品。

第十二款　水門汀

水門汀爲香港重要的生產品，同一船轉輸的貨物不同。本工業與造船業，精糖業，可以說是並駕齊驅。原料石灰石，都仰給於西江方面，又由海防的輸入。一年最大的生產額，約八十萬樽乃至百萬樽。製品對中國內地，海峽殖民地，斐律濱，以及南洋方面。一九一九年輸出額，計一、〇七九、〇一九擔，價額爲四四、〇〇四三磅，一九二〇年輸出額爲一、七二三、二〇五擔，價額爲八〇二、三五九磅。

第十三款　鴉片

鴉片爲印度波斯土耳其等號的特產品。香港的輸入，專供中國人的需要。以一九一〇年而言，輸出計三百一千函左右，價額約三千七百萬元，總數有八千七百萬元的鉅額，這是很可驚的數目。印度鴉片爲此中的上品，波斯產次之，多由孟買而向香港輸入，後轉輸於兩廣及各沿岸，尤以福建的消費爲特多。以後雖有中英締約禁止，然而實際上還不能整個地絕跡。

第三項　香港與中國的貿易。

香港爲接續港香港與各國的貿易，實際上等於各國與中國的貿易；尤其是香港爲英國的領地，所以英國對中國的貿易，包含香港在內。因此，香港可以說是英國對華貿易的「大砲」。他在地理上與中國有密切的關聯，同時，英國依據不平等條約，處處佔着優越的地位：這樣，使香港的貿易更加爲世界所重視。

這裏我們必須要說到當香港成爲「臭巷」的時代，即省港罷工的時代，貿易額急激地下降。當一九二五年罷工的開始半個年中，貿易額半減，同年五月貿易額計一千萬磅以上，六月降爲七百五十萬磅，七月激減爲三百萬磅。

現在自從「省港聯歡」以後，「臭港」又變爲「香港」了；人口的增加，貿易額的上升，船舶來往的頻繁，又漸漸地恢復了他的「黃金時代」。

第二節　金融

第一項　貨幣制度

第一款　「法定」的貨幣

關於貨幣制度，香港政府在一八九五年二月二日，規定墨銀（Mexican Dollar）爲本位幣，英銀（British Dollar）及香港銀（Hongkong Dollar）爲相當標準的貨幣。除以上三種外，還有銀貨五十錢，二十錢，十錢，五錢；銅貨一錢等爲通貨之需。以下將各種銀元和輔幣，作一大體的說明。

一　墨銀　依法定的品位和量目，以及通用的最輕量目如左：

品位	九〇二・七	
量目	四一七・七四 格林尼	（二七・〇七〇 格蘭姆）
最輕量目	四一一・〇〇 格林尼	（二六・六三三 格蘭姆）

墨銀分新舊兩種，舊墨銀係在墨西哥鑄造，漸次流入中國者，本港目下所流通的，那是新墨銀，所以墨銀價格，經當地順應着香港上海間的匯兌市場而有所變更。

二　英銀　英銀的品位，法定量目等如左：

品位	九〇〇	
量目	四一六 格林尼	（二六・九五七 格蘭姆）
最輕量目	四一一 格林尼	（二六・六三三 格蘭姆）

量目公差	二	
品位公差	千分之二	

本銀爲孟買造幣廠所鑄造香港政府努力於實際上的流通。

三　香港銀

香港銀的品位，法定量目等如左：

品位	九〇〇	
	格林爾	格蘭姆
量目	四一六	（二六・九立七）
	格林爾	格蘭姆
最輕量目	四一一	（二六・六三三）

本銀在一八六二年以降二年間，爲香港造幣局所鑄造。香港造幣局關於香港洋及五十錢銀貨（Half Dollar）的鑄造數量，計有百四十二萬千四八七元以上云。

四　補助貨幣

補助貨幣的產生，大都係賴印度造幣廠的鑄造；這是因爲香港造幣局於一八六四年停歇的原故。現在先將補助貨幣的種類及量目等表示於下：

種類	五十錢	二十錢	十錢	五錢
品位	八〇〇	八〇〇	八〇〇	八〇〇
重量	二〇九・五二格林爾（一三・五七六格蘭姆）	八三・八一格林爾（五・四三〇格蘭姆）	四一・九〇格林爾（二・七一五格蘭姆）	二〇・九五格林爾（一・三五七格蘭姆）
最輕量目	一九九・〇〇格林爾（一二・八九五格蘭姆）	七九・六二格林（九・一五八格蘭姆）	三九・八〇格林爾（二・五七九格蘭姆）	一九・九〇格林爾（一・二九〇格蘭姆）
品位公差	千分之三	千分之三	千分之三	千分之三

重量公差　一元的公差不超過英幣一元的公差。

以上四種銀幣，都係孟買造幣廠所鑄造。流通額約有二千六百二十九萬元；裏面為十錢銀幣佔去大部分，其他三種不過少額吧了。

五　補助銅幣　銅幣分為以下兩種；

一錢銅幣	格林爾	格蘭姆
重量	一一五・七五	（七・五〇一）
	一一五・七五	（七・五〇一）

青銅錢（一文）	重量	一五・四七	（一・〇〇）

一錢銅幣，爲英國所鑄造，流通額並不多；青銅錢係前清的 錢，現在除以當古董收羅外，也很少流通了。

第二款 銀行的紙幣

一 紙幣發行的一斑 本港有發行紙幣權者爲渣打，香上，有利等三銀行。香上銀行於一八六六年取得發行權，計有一元，五元，十元，二十五元，五十元，百元，五百元七種；渣打銀行於一八五三年取得發行權，紙幣發行限度爲四百萬元，也有五元，十元，二五元，五十元百元，五百元等六種；有利銀行於一九一一年向香港政府取得紙幣發行權。但限制極嚴：如超過定額一萬元，即處以百五十元內的罰金。又每月最初的營業日，須將其發行額及準備金，獨載於香港政府的官報。計有五元，十元，二五元，五十元，百元等五種，

過去五年間（一九一一——一九一五），三銀行的流通額如下：

銀行	一九一一年	一九一二年	一九一三年	一九一四年	一九一五年

香上	二一、七〇七、二四二元	一九、七六四、四六九元	一八、四一七、三三九元	二三、五八二、九〇二元	二一、七九三、八〇六元
渣打	六、〇三四、〇九七元	五、五三九、四一九元	五、四三九、六七一元	六、〇七一、六三三元	六、九七六、五四八元
有利	—	四九六、三三五元	七〇四、七四二元	一、二〇八、一九二元	一、〇七四、三三一元
總計	二七、七五一、三三九元	二五、八一〇、二二一元	二四、五六一、七五二元	三〇、八六二、七二七元	二九、八四四、六八五元

上表就够表現三銀行紙幣的流通狀況一斑了。此外如澳門的葡國銀行（Portuguese Banco Nacional Netramarins），也會在香港有紙幣的流通。然一九一三年八月，香港政府實施外國貨幣禁止流通規則以來，已沒有他的踪影了。至於過去的廣東官銀錢局，以及萬國寶通銀行，雖曾一時在香港，也有紙幣的流通，但漸次收回的結果，同上述葡國銀行發行的紙幣，處於一樣的歸程。

二　紙幣與銀幣間的不穩定　香港接近中國內地，在金融上必然搆成密切的聯繫；因此，銀幣和紙幣種類的複雜，產生許多錯綜的弊害。如形成法定貨幣與銀行紙幣不同的市場，尤其是異常的明顯。這些現象，實際上因爲銀行紙幣與法定貨幣的兌換，通常以當時最安定的法定貨幣爲支付標準。又受本港習慣的影響，香港洋一千元，同廣東七百二十兩同額；當向銀行兌換的時候七百二十兩內，須由銀行取去三兩的手續費。這樣的結果，以百十七兩的相當銀行，爲支付的標準。所以以紙幣向銀行兌換銀幣是有損失的；這因爲事實上銀幣形成爲一種的商品，使他與紙幣間產生了高低的市場。並且因需要供給的關係，上海的墨銀市場對於香港金融也發生密切的關係，總之，紙幣與現銀間的高低市場，主要的原因，不外於發行紙幣的銀行，採取自衞上防止損失的方法。自然還有幾多別的助長原因。過去三年間（一九一四——一九一六），各銀幣對紙幣的市場，列舉於下。這時我們是很可參考的。

（一千元計）

	一九一四年		一九一五年		一九一六年八月至	
	比較	貼水	比較	貼水	比較	貼水
香港銀	一〇六一	一	〇六一	二四	三四	一二
墨銀(新)	一二〇	五	一一五	二六	四〇	六
墨銀(舊)	一一九	平價	一一〇	二一	三二	一五

【一五八】

〔註〕英銀的流通額較少故略。

三　幣制

幣制的矯正的複雜，既如上述。香港政府對於這種弊端，矯正的第一步，就是發布禁止外國貨幣流通的條例。實施的結果，外國貨幣漸漸地停止全部的流通；可是實施這種禁止條例的目標，在於消滅廣東貨幣在香港的流通。因爲廣東的小銀幣，有因襲的關係，流通額是異常的多，這種根深蒂固的貨幣關係，不是一旦能夠改正的。於是，香港政府又有所謂收回政策的產生。這種收回的政策，在一九〇六年以來，曾繼續了許多的時間，(但一九一一年曾一時停止)。香港政府所收入的小銀幣，大部分出售於倫敦；一部分交孟買造幣廠改鑄英銀。小銀幣轉造總額爲四千四百萬元，據一九一五年的收回報告，計在千七百七十萬七千四百五十九元以上。這表示流通額有漸次減少的傾向。

禁止外國貨幣的流通，同小銀幣的收回政策，這是雙管齊下的方針，雖然表面有改美的傾向；可是金融問題的聯繫眞太複雜了。甚麼整個的完滿解決，自然是譚不到的。

第二項　金融機關

香港出入船舶的噸數，在世界諸港中佔異常重要的地位。貿易額會達五億元以上，不但僅僅是東亞及南洋諸地方的貿易中心，而且是歐美與東洋的連鎖港。香港雖然是一座的孤島，然因貿易的繁榮，農工業的經營，自然形成設備金融機關的需要。因各種的貿易各有特殊的關係，所以各金融機關，隨之有特殊的作用。在香港的銀行，大體上也可分為二種：中國的，外國的。

第一款　外國的銀行

一八四五年四月 Oricntal Banking Corporation 於香港設置支店，實開本地外國銀行的嚆矢。到了一八四七年，發行紙幣五萬六千元，這時於商人是很大的便利，所以後來銀行的設置，也漸漸地增多了。現在將本港外國銀行的營業狀況，作一次報要地敘述：

一　香港上海銀行（一名滙豐銀行又香上銀行）——（Hongkong & Shanghai Banking Corporation）及香港貯蓄銀行（Hongkong Saving Bank）

本店所在地　香港

資本金　一五、〇〇〇、〇〇〇元
存積準備金　三四、五〇〇、〇〇〇元

本銀行爲香港金融界中的巨擘，依據一九六五年香港政府所發布的香上銀行條例，於一八六七年設立且得兼營貯蓄銀行業。政治當局賦以種種保護的特權，並有紙幣發行權：

初開辦時，沒有很大的成績；後因蘇彝士河的完成，開闢歐亞的交通路，東洋貿易遂得了長足的發展；他也因此在全中國稱爲金融的霸者。同時他又是英國經濟利權的代表者；所以如過去的「銀行團」，交通事業的投資等等，他在各國中的力量比重，不消說得是最有魄力了。即如以經營船業著名的招商局，因爲債務的牽制，一舉一動都要唯這個「太上銀行」的命命而聽！這樣的結果，使他在政治上的力量也雄厚起來了。

二　渣打銀行（Chartered Bank of India, Australia and China 即麥加利銀行。）

本店所在地	倫敦
資本金	三、〇〇〇、〇〇〇磅
存積金	三、五〇〇、〇〇〇磅
紙幣發行額	一〇、〇九九、五四五元
發行準備金	五、〇〇〇、〇〇〇元
保證金	二、〇〇〇、〇〇〇磅

本銀行較上述匯豐的勢力爲稍差，係英國資本家發展東洋貿易的機關。一八五三年依特許條例而設立，也有發行紙幣權。在東方各種活動上，同匯豐銀行有共通的利害點，都相互避免無謂的競爭。這種一致步調的協議，背後很明顯地站着英資本主義的政府。

三 有利銀行(Mercantile Bank of India)

本店所在地	倫敦
資本金	一、八〇〇、〇〇〇磅(但法定資本爲三百萬磅)
存積金	八三〇、〇〇〇磅
紙幣發行額	九九一、四四二元
準備金	五五〇、〇〇〇元

本銀行於一八九二年設立，本以開發印度貿易爲目的。特別是以經營中國與印度鴉片，棉紗等匯兌爲主。但範圍比較上述的二銀行，自然狹少了許多。支店在上海，新加坡，孟買等處，共計有十九所。在一九一一年，請求香港政府的批准，也取得紙幣發行權；但爲額很少，且受種種的限制。這是不能與上述二銀行同日而語的。

四　荷蘭安達銀行 (Netherland India Commercial Bank)

本店所在地	亞摩斯德爾登
資本金	六〇，〇〇〇，〇〇〇佛郎
存積金	二九，〇〇〇，〇〇〇佛郎
支店	計有新加坡等十八處。

五　荷蘭銀行 (Netherland Trading Society)

本店所在地	亞摩斯德爾登
資本金	一〇〇，〇〇〇，〇〇〇佛郎
存積金	一四，五九〇，五四五佛郎
特別存積金	一七，〇〇〇，〇〇〇佛郎

支店　　計有神戶，上海，孟買，新加坡等二十九處。

安達銀行(一八六三年設立)及荷蘭銀行(一八二四年設立)依據荷蘭本國政府的特別命令局創辦，以開發殖民地的事業爲核心。與普通依商法而設立的銀行，大異其趣。香港當局曾於一九〇七年六月二十一日，對右述二銀行，發布取締營業的特殊條例。二銀行爲荷屬印度金融界產業界的統治者，同時力圖在香港及新加坡等處的發展；尤其是以經營爪哇糖爲重要的事業。並且又設支店於日本，這可以表示特別注意爪哇貿易的前途。

六　法蘭西銀行一名東方匯理銀行(Banque de L, Indo-chine)

本店所在地	巴黎
資本	四八，〇〇〇，〇〇〇佛郎
準備金	五〇，〇〇〇，〇〇〇佛郎

本銀行爲法屬印度支那的特許銀行，獨占當地與香港廣東間的金融關係，經營米穀輸入的匯兌，時常冒險地向廣東等處投資。

支店計有北京，漢口，上海，天津，新加坡等處，共有二十所。

七 中法實業銀行（Banpue Industriel'e de chine）

本店所在地	巴黎
資本金	四五，〇〇〇，〇〇〇佛郎
準備金	五，二八一，六〇二佛郎
設立	一九一三年

本行在北京，天津，福州，廈門，廣東，海防，新加坡等處，都有支店，以經營匯兌為主。

八 萬國寶通銀行（International Banking Corporation）

本店所在地	紐約
資本金	八，五〇〇，〇〇〇美金
積金	一，〇五四，〇〇〇美金

本行為美國資本家經營東洋貿易的機關支店計有二十五所，在東洋南洋方面，除本港外，有上海，天津，漢口，北京，橫濱，孟買，新加坡等處。

九 俄亞銀行（Russo-Asiatic Bank，華俄道勝銀行）

本店　列寧格勒
資金　五五、〇〇〇、〇〇〇盧布
積金　三〇、一五七、一七二盧布
設立　一九一〇年

本銀行在東洋各港及西伯利亞等處，均設有支店。為華俄貿易上的金融機關；但因政治上的影響，時現不穩定的現象，現在也已停歇了。

一〇　美國運通銀行（American Express Co）

本店所在地　紐約
資本金　一八、〇〇〇、〇〇〇美金
積金　七、〇〇〇、〇〇〇美金

本行除從事一般的銀行業外，兼營運送業信託業等。在本港的支店，以營對美匯兌為主要的事務。

一一　亞細亞銀行一名美國友華銀行（Asia Banking Corporation）

本店所在地　紐約

資本金	四,〇〇〇,〇〇〇美金
積金	一,一〇〇,〇〇〇美金

本行係下列美國九大銀行所設立，以從事東亞活動為目的，在本港的支店，除有相當的活動外，以營匯兌為主。

(1) Anglo & London Paris National Bank, San Francisco.

(2) Bankers Trust Co., New York City.

(3) Continental & Commercial National Bank Chicago.

(4) First National Bank of Portland, Portland Oregon.

(5) Guaranty Trust Co., New York City.

(6) Guardirn Savings & Trust Co, Cleveland Ohio.

(7) Mercantile Bank of the America, New York City.

(8) National Shorsmut Bank, Boston Mass.

([illegible]) National Bank of Commerce, Seattle, Wash.

一二 東亞銀行(Bank of East Asia)

本店所在地	香港
資本金	二,〇〇〇,〇〇〇元
積金	二〇〇,〇〇〇元

本行的經營者與資本主,都是住居香港,澳門一帶的所謂「中國紳商。」在廣東香港間,很有活動的勢力,但因其係英國國籍,所以在性質上,也只有列入外國銀行裏去。

一三 工商銀行(Industrial & Canmercial Bank)

本店所在地	香港
資本金	五〇〇,〇〇〇磅
實收資本金	三〇三,八三九,二三香港銀
積金	一三二,四二香港銀

本行一九一七年三月三十日設立。經營者都屬美國留學生,資本主也多係美國華僑。但與上述的東亞銀行一樣,也在英國入籍。本店卽設於香港,支店僅漢口一所,還脫不了地

方銀行的性質。

一四　華商銀行(Chinese Merchant Bank)

本店所在地	香港
資本金	五,〇〇〇,〇〇〇元
實收資本金	五〇〇,〇〇〇元
積金	無

本行係華人經營，但國籍亦屬英國。沒有雄偉的活動力，僅一小規模的銀行罷了。

除上述外，日本的橫濱正金銀行(Yckohama Specic Bank)及臺灣銀行(Bank cf Taiwan)都有支店設於香港，也有相當的活動。

第二款　中國的銀行

一　中國銀行(Bank of China)

本店所在地	北京
資本金	六〇,〇〇〇,〇〇〇元
實收資本金	一二,二七九,八〇〇元

積金	四、九四二、六二八元

本行在中國金融界上，可說是此中的巨擘。駐香港的支店，以經營匯兌爲主要的業務。

二　鹽業銀行

本店所在地	北京
資本金	五、〇〇〇、〇〇〇元
實收資本金	三、五〇〇、〇〇〇元
積金	一、一五〇、〇〇〇元

本行以經營中國鹽稅爲目的，係一種特殊的銀行。本港的支店，以兼營內地匯兌爲業務。

三　交通銀行

本店所在地	北京
資本金	一五、〇〇〇、〇〇〇元
實收資本金	七、五〇〇、〇〇〇元
積金	三、二二三、〇〇〇元

【一七〇】

本行駐港的支店除從事一般的銀行業務外，也以掌握中國內地的匯兌為主。

四　廣東銀行

本店所在地	香港
資本金	一、〇〇〇、〇〇〇磅
實收資本金	六九七、三四〇磅
積金	九七、五〇〇磅

本行為廣東出身的美國華僑所設立。廣東，上海，孟買等處都有支店。為華人所經營的匯兌銀行中，最有活動力的一個。

五　四海通銀行(Bank of Sze Hai Tong)

本店所在地	新加坡
資本金	二、〇〇〇、〇〇〇新加坡銀
實收資本金	一、〇〇〇、〇〇〇新加坡銀
積金	七四〇、〇〇〇新加坡銀

本行一九〇六年十一月二十一日設立於新加坡。資本主全部為華人，大都係僑寓海

峽殖民地者。除分支店於本港外，上海，汕頭等處都有設置。以營外國匯兌為主要的業務。

六　中華國寶銀行

本店所在地　香港

資本金　一、〇〇〇、〇〇〇磅

實收資本金　二五〇、〇〇〇磅

本行一九二〇年十月二日開業，也以經營匯兌為主要的業務。因歷史都不及上述諸銀行的永久，所以沒有多大的發展。

關於各種銀行的狀態既如上述；但對於中國在香港的固有金融機關，自然也需要一次的敘明。中國固有的金融機關，不外於銀號，金舖，金銀兌換店等三種；可是三者中，金舖以製造販賣金貨為業，很顯然地不是直接的金融機關，至於金銀兌換店，散在香港市內各處，規模是很狹小的。只有銀號是中國商人的重要金融機關。因為香港的中國商人，大多是廣東人，所以各銀號的經營者也是廣東人佔多數。

【一七二】

香港的銀號如左表：

店名	者在地	店名	所在地	店名	所在地	店名	所在地
寶恆	文咸路東	富源	文咸路東	鑒源	文咸路東	瑞生	文咸路東
昭信	文咸路東	恆昇	文咸路東	安昌	文咸路東	瑞昌	文咸路東
財記	文咸路東	公利	文咸路東	肇昌	文咸路東	同記	文咸路東
全盛	文咸路東	公俗	文咸路東	榮裕	文咸路東	維吉	文咸路東
仝益	文咸路東	鉅安	文咸路東	誠源	文咸路東	維新	文咸路東
福華	文咸路東	鉅豐	文咸路東	兆源	文咸路東	宏益	文咸路東
福和	文咸路東	豐興	文咸路東	順成	文咸路東	永盛隆	文咸路東
和盛	文咸路東	昌盛	永樂	安盛	永樂東	安裕	皇后大道
義記	文咸路東	瑞和	永樂	義隆	永樂東	承德	皇后大道
裕記	文咸路東	泰源	永樂	裕發	永樂東	誠德	皇后大道
裕恆	文咸路東	全生	永樂東	祥安	皇后大道	恕德	皇后大道

裕亨	文咸東	乾記	永樂東	大有	皇后大道	瑞吉	皇后大道
銘安	文咸東	勝昌	永樂東	鴻德	皇后大道	瑞元	皇后大道
華記	文咸西	廣恆	永樂東	利昌	皇后大道		
均昌	德輔道	明益	永樂東	明新	皇后大道		

至於金舖有和昌等九所；兌換金錢店計有昌記等百五十所。

最後要說到現在（一九二九年）香港各銀行存放的款數，這可以使我們更能理解一般的金融情形。據十月份各銀行存放的報告：是渣打銀行發行紙幣一五、二〇〇、〇六五元，存下積金計五、九〇〇、〇〇〇元，存於政府代理人處一、二七七、七〇〇磅金；滙豐銀行發行紙幣四六、六八八、七七四元，存下積金三、四〇〇萬元，存於政府代理人處及星洲政府處計二、九九三、二〇二磅金；有利銀行發行紙幣一、八七七、九四五磅，金存下積金六、六〇、〇〇〇元，存於政府代理人處一八〇〇〇〇磅金。

第三節　工業

從來很少有人注意到香港的工業；這因爲香港本身的生命，就在於通商貿易；所以這裏，需要簡明地敘述到香港的工業。

當英人開始佔有香港的時候，瘟疫極其猖獗，居住香港的歐人，大半因此而喪失了性命。風土的不服，瘴厲的橫行，這種客觀上的困難，曾形成了殖民地的放棄論。然而以後，英人從事於土木工事的建設，努力於醫務，教育的施行，去克服一切的困難。到了一八八〇年代，淒涼的香港，換了舊時的愁容，已有顯著的發展了。又因地勢上的關係，接近中國內地，日本，馬來半島及其他南洋各地，這些區域多是無盡藏的所在；尤其是中國，她不但是原料的寶藏，而且是廣大的市場。香港因有這種優越的聯繫，構成她的重要地位，同時更有雄偉的資本，豐富而「低賤」的勞動力，做她的殿軍，自然愈有發展的可能了。所以當時的香港，在英人的心目中，不僅希望她成爲廣大的商業領域，同時更有將她轉變爲工業中心的懷抱；客觀的成因，主觀的企圖：結果到了一八七八年代，就有精糖，製鋼，製冰，紡績，水門汀等等工業，不斷地勃興起來。

可是香港因土地瘠狹，除了石材及僅少的農產物外，別無何等的出產。所以工業原料都仰給於附近的地域。地租的昂貴，使生活程度高漲；氣候大半屬於炎暑，且多濕氣，這在某幾種工業上，是很不相宜的：種種直接的間接的原因，妨礙了幾多工業的發展。

這樣看來，依既往的過去，預測到最近的將來：企圖將香港轉變為工業的中心地，是很難實現的事象；何況今日，正當整個的英資本主義在沒落的行程中呢。然依她的工業發展過程而言，大致上可以說：如製鋼，製冰等工業，很有良好的成績，又如造船，煤氣，電氣，煙草業等，也都有可觀的結果。以南華而言，自然不能不說是一座工業的中心地。

以上都就外人經營的企業而言，至於國人在香港從事的工業，大部份都屬家庭工業。就有些僅小的發展，也是殖民地的發展。就是說，這種可憐的發展，要在整個的英資本主義牽制之下，纔能伸出初放的嫩芽。

現在為要使讀者得到明顯的理解；所以將外人與國人經營的工業，分作兩項來說明：

第一項　外人經營的工業

外人所經營的工業，大致上組織規模都很宏大，主要的是新式的機械生產。英人掌握中的工業：如糖業，造船，煤氣，電氣，製綱，製冰等等，都有相當的發展。同該地的域區有密切聯繫的，是造船，製冰，製鋼，電氣，煤氣業等。至於糖業，水門汀業等等，因最近日本在工業上有長足的進展，對香港自然有很大的影響。所以關於這一點，前途是很難樂觀的。而製粉，麥酒製造業都歸於失敗。紡績業也無相當的發展。

現在將香港主要的工業公司的資本金以及過去的股票市況製成一覽表，置在讀者不是無益的吧。

公司名稱	設立及變更組織的時期	資本金
中國精糖	一八七八年	二、〇〇〇、〇〇〇元
香港黃埔船渠	一八六六年 一九〇一年	二、五〇〇、〇〇〇元

香港紡織		一八八八年 一九〇一年	一、二五〇、〇〇〇元
香洲水門汀		一八九七年	四、〇〇〇、〇〇〇元
香港電燈		一八八九年	六〇、〇〇〇元
山頂電車		一九〇五年 一九〇七年	七五〇、〇〇〇元
中華電燈		一九〇一年 一九〇七年	三〇〇、〇〇〇元
香港製冰		一八八一年	一二五、〇〇〇元
香港製鋼		一八八三年	六〇〇、〇〇〇元
Dairy barm		一八九四年	三〇〇、〇〇〇元
Steam Laundry		一九〇二年	一〇〇、〇〇〇元
香港電鐵		一九〇四年	八一、二五〇磅

股票市場

公司名稱	一九〇九年		一九一〇年		一九一一年		一九一三年		時價
	最高	最低	最高	最低	最高	最低	最高	最低	

中國煉糖	一五九・〇〇	一二三・五〇	一七七・〇〇	一二四・〇〇	一三四・〇〇	八一・〇〇	一二三・〇〇	九五・〇〇	七五・〇〇
香港黃埔船渠	九一・〇〇	五〇・〇〇	七〇・〇〇	五〇・〇〇	五七・〇〇	四八・〇〇	八四・〇〇	五六・〇〇	六四・〇〇
香港紡織	—	—	六・〇〇	六・〇〇	六・〇〇	五・九〇	一・一〇	七・五〇	十二・五〇
Dairy barn	二三・五〇	一九・二五	一九・二五	一六・五〇	一四・〇〇	一七・五〇	二六・七五	二三・二五	一五・〇〇
青洲水門汀	一〇・五〇	五・五〇	七・五〇	四・二五	四・一五	四・一五	七・五〇	四・一〇	六・二五
香港電燈	—	—	二一・〇〇	一九・五〇	二四・〇〇	二〇・〇〇	二五・〇〇	二一・〇〇	二五・〇〇
山頂電車	一五・〇〇 —	一四・五 —	一五・五〇 —	一三・〇〇 一・一〇	一三・〇〇 一・五〇	一一・四〇 一・一〇	一一・二五 一・二五	一〇・二五 〇・九〇	一〇・〇〇 〇・九〇
香港製冰	二・一〇	一・五〇	一・八〇	一・一〇	二・一〇	一・一〇	二・〇〇	一・一〇	七五・〇〇
香港製綢	二四・〇〇	二三・五〇	二三・五〇	一八・〇〇	一九・〇〇	一六・五〇	二二・二五	一九・〇〇	二・〇〇
中華電燈	—	—	六・五〇	〇・九〇	一・八五	〇・九〇	六・五〇	〇・九〇	四・〇〇
Steam Sanrdry	四・七五	五・〇〇	五・五〇	〇・七五	六・七五	五・五〇	四・七五	三・七五	四・二五
香港電鐵	—	—	—	—	—	—	九六	四・〇〇	八五

以下分述各工業的狀況，使讀者對於外入經營的企業，更有一層切實的理解。

第一款 精糖業

精糖業爲香港的重要工業之一。係太古精糖公司（Taikoo Sugar Refining Co;Ltd. 中國太古糖行）中國精糖公司(China Sugar Refining Co;Ltd.)，呂宋製糖公司(Luzon Sugar Refining Co;Ltd.)等所經營。

這些公司，原料取於斐律濱與爪哇的赤糖，經過硫化法或骨炭濾法，而漂白精製。據謂發揮各公司的全能力，供給全中國的需要，還留有剩餘的產品。但因日本精製糖與爪哇糖的發展，使香港的糖業，在市場上受了很大的影響，以至減低了產額。一九一一年及一二年，世界糖價的暴漲，臺灣糖的衰退，曾稍有恢復生氣的轉機，最近又因爪哇糖的競爭，渣甸洋行(Jardine, Matheson & Co.) 所經營的中國精糖公司，亦不得不歇業了。

這裏關於各製糖公司的內容，自然還需要簡單地敘明；可是這些公司的事業內容，絕對取祕密的態度，很難得到正確的結果，所以只得大致上的去說明。

中國精糖公司（中國火車糖局），爲渣甸洋行所經營，一八七八年設立，資本金本二百萬圓，工場設於香港市的東部（East Point Bowlington）。開始時，營業頗順利；後因爪哇糖與日本糖的壓迫市場縮小大半，歷年來的營業，都大受損失：計一九一一年，損失四萬七千餘元，翌年又損失二十二萬三千圓一九一三年，亦損失六萬九千圓。最近且爲了上述的原因而停業了。以下將一九一三年本公司的資產表開列於下，這也可以明瞭一斑。

資產表（一九一三年）

負債之部		資產之部	
資本金	二、〇〇〇、〇〇〇·〇〇	財產（三工場）	一、五〇九、二八九·〇三
準備金	五〇、〇〇〇·〇〇	現金	五六〇、六五〇·〇〇
修理金	三三、三一五·〇九	原料貯藏	一、九八五、六九五·七六
工場退費金	二一、四三一·八六	石炭等	一八三、七〇九·七〇
雜債	二、二一五、八一一·四一	其他債權	一五二、五三四·一四
計	四、三二〇、五五八·三六	委托貨物	四三九、五〇四·七六
		損益核定	四九、二六四·三二

計	四、三二〇、五五八・三六

其次要說到太古精糖公司（即太古糖行），屬太古洋行（Butherfield & Swire），工場在香港的石切灣（Quany Bay）每月能產糖約一萬二千五百擔，以後減低爲三千五百擔。最初營業時，獨占了遠東市場；後亦因上述的原因，亦由活潑潑的青春，漸漸地到了衰老的時代了。

資本金	五、〇〇〇、〇〇〇圓
所在地	Qnany Bay, Shankiwan Road
經理人	David Templeton
副經理	H. C. Resker

至於呂宋精糖公司，工場卻不敵於香港；而創辦在斐律濱，渣甸洋行爲當地的總經理處。於一八九九年成立，資本金有七十萬元。本公司的營業狀態，不消說得，也同樣地陷於疲敗的途中。

第二款　造船業

造船為香港首要的工業。規模最宏大，魄力最雄厚的，為太古與香港黃埔二船渠公司。現在將外人所經營的，一致列記於下：

公司名稱	國屬
太古船渠公司 Taikoo Dockyar & Co; Ltd.)	英
香港黃埔船渠公司(Honkong & Whanpo Dock Co; Ltd.)	英
庇利有限公司(W. S. Bailey & Co; Ltd.)	英
麥當利行(Macdonald & Co.)	英
飛輪公司(Uldernp & Schluter.)	德
威利積有限公司(Willian C. Jack & Co; Ltd.)	英

右中香港黃埔船渠公司，一八六六年設立。以後資本金，漸次擴充至二百五十萬元。工場在九龍的紅磡(Hunghom)，大角嘴(Taikoktsui)，阿柏台(Aberdeen)等處，共計三所。又太古船渠公司，一九〇八年設立，係太古洋行所經營。工場在市東的石切灣(Quany Bay)。應英國海軍的需要而建造的，計有二船渠，三船渠。造船用的鎔鐵爐，以及各種機械的設備，約超過二萬噸。

庇利有限公司，一八九七年，係倍雷（Mr. W S. Bailey）所設立。工場在九龍灣，開始時，僅有建造小汽船的機械設備。後逐漸擴充，也有建造大汽船的能力了。又麥當利行，初以"Kinghorn & Macdonald"的名稱而營業，至一九〇三年，始改今名。工場也在九龍，有充分的設備；能夠製造二百馬力以內的汽罐，船渠是五百五十噸的船舶需用。主要的經營爲木製與鋼鐵製的舢船，小汽船，鋼鐵埠頭等等。威林積有限公司，於一九〇二年設立，主要的在製造河船及小汽船等。工場也創辦於九龍。這裏要說到國人經營的廣昌隆行：於一八七七年設立，資本金僅二千元，係小規模的經營；以後漸漸地擴張，至一八九九年，成爲有資本金二十萬元的有限公司。工場位於九龍的西海岸。以建造修繕小汽船爲主要的經營。

現在據調查所得，將一九一一年以降三年間，當地造船的總數，噸數等列表於左：

公司名號	一九一一年			一九一二年			一九一三年		
	船數	總噸數	馬力	船數	總噸數	馬力	船數	總噸數	馬力
太古	九	二、二八一	三、六五〇	八	二、一二一	一、〇六五	一一	五、八八六	四、四二〇

途香黃	庇利	爹當利	飛輪	同興隆	廣福昌	威林積	深記	廣德興	廣協隆	廣德昌	祥記	廣怡生	廣利	廣協隆	合計
一三	八	五	三〇	一	—	二	—	一	—	—	—	—	—	三	七三
五五二	二〇六	五〇	四〇八	五五	—	四五	—	—	二一〇	—	—	—	—	七六	三、八八三
七〇三	四一三	一七三	八六〇	二五〇	—	四八	—	一九二	—	—	—	—	—	七六	六、六〇九
六	一五	三	六	二	三	—	—	一	一	三	一	五	一	六	六一
九二三	四九一	一九七	八七	五〇	六六五	—	—	九一	二七	五四八	三四	二〇六	七六	二五〇	五、七六五
一、二七五	四八六	二一八	一二〇	一八〇	五八五	—	—	一一〇	七六	八四六	七九	一、三一〇	一〇二	五七五	七、〇一八
九	一五	—	—	—	三	—	三	—	—	六	三	六	—	六	五九
三、三〇四	三〇六	—	—	—	二二〇	—	一四〇	—	—	一、四九三	一四〇	三八〇	—	五五八	三、二八七
四、七〇〇	五〇九	—	—	—	三八五	—	二五〇	—	—	二、四〇六	二五〇	七二〇	—	一、〇〇二	四、三九二

*「香黃」即香港黃埔船渠公司

除上述各製船所外，國人所經營小規模的製造所，也不在少數。茲將其一九一三年的調查結果，開列於下：

香港市及其附近租借地				香港市及其附近租借地			
皮加多拉街	九	長沙	七	筲箕灣	一〇	吉澳	二
尖沙嘴	二	大澳	七	紅磡	一	灘冲	一
油蔴地	六	西貢	三	深水埔	四四		
阿柏台	二〇	大埔	二				

第三款 水門汀業

水門汀業，爲當地有名的青洲英坭公司所經營。約三十餘年前，中國，日本，斐律濱等處，大興土木，建築極旺盛；所需的水門汀，皆仰給於此。工場計有三所：爲九龍鶴園(Hok Un)，澳門(Green Island)，香港南岸的深水灣(Deep Water Bay)等。前二工場係製造水門汀；而深水灣工場專產煉瓦等。關於前二工場的製造能力，可用數字，將牠表示出來：

九龍工場	窯	十六個	一日	二七四噸
澳門工場	同	七個	同	一〇五噸
計		二十三個	同	三七九噸

卽一個月約有八萬七千二百七十五桶，一年有製造百萬桶以上的實力。當最盛時代，一年有八十萬乃至百萬桶的出產。廣大的販路，不僅止於無中國；經營的巨腕，竟及於菲律濱新加坡一帶。最近因廣東水門汀工廠的進展，此外極東的水門汀工廠亦不在少數，並且原料素來都仰給於西江；這樣，卽在根本上也發生了動搖；再加以市場的爭奪，自然漸處於困難的境地了。

第四款　織網業

香港製網公司(Hongkong Rope Manufacturing Co., Ltd. 香港蔴纜公司)於一八八四年設立，工場位於市之西，依桑文多瑪爾蘭會(Shewan Thomas & Co.)爲金城鐵壁。一九〇八年資本金爲五十萬元，同年卽增加六十萬元。整部的機械，都係美國製造。一年中約有五六百萬件蔴網的出產，販路頗廣闊，產品供給中國內地，日本，印度，海峽殖民地，澳洲等處。近因原料價格的高漲，貨品也不得不隨之而增值；因此需要者另求別種的蔴網這自然使販路縮小了許多。

第五款　煙草製造業

東洋煙草公司（Oriental Tolacco Manufactory）一名東方煙廠。位於九龍的旺角嘴。係斐律濱人所經營。

第六款　製冰業

營冰業者，當推香港製冰公司（Hongkong Ice Co., Ltd 華名爲香港雪廠）爲巨擘於一八八〇年設立，英商渣甸洋行係總支配人，資本金約有十二萬五千元。初當地東洋麥酒公司，於一九〇九年，以經營製冰爲副業。爲消滅競爭計，兩方曾有劃一定價的協議。然資本制度的底下，爭奪市場是無可避免的事；協議過後的不久，東洋麥酒公司，卽單獨減低定價，協議就露出破綻了。並且一九一一年以來，因麥酒業的失敗，而停止釀造，專從事經營製冰業。但後又在競爭中沒落下去。這樣東洋麥酒公司的破產，形成了香港雪廠獨占的市場。

第七款　電汽及煤氣事業

關於電汽及煤氣事業，將其大要記述於左：

香港電燈公司(Hongkong Electric Co., Ltd)　一八八九年設立，有資本金六十萬元。英商昌湳洋行(Gibb Livingston & Co., Ltd.)係其總理處。

中華電燈公司(China Light & Power Co., Ltd.)，一九〇一年設立。工場位在九龍的紅磡。營業成績頗不惡。

香港電車公司　(Electric Traction Co. of Hongkong Ltd. or Hongkong Tramway Co., Ltd.)，設立於一九〇四年，倫敦登記，公稱資本三十二萬五千磅。經營市內電車事業。過去的成績，可用數字表示於下：

	一九〇七年	一九〇八年	一九〇九年	一九一〇年	一九一二年
輸送客數	八、五六四、〇五五	七、九三六、三七八	七、九三八、五四〇	八、五六二、三二二	九、一二三、一四七
輸送收入	四二、三五二	三六、九二三	三九、五一四	四三、〇七八	五二、二四六
總利金	七、九〇〇	九、五〇六	一〇、〇 二	一七、七三八	三〇、六六四
純利金	五三〇	二八六	五八六	八、五五七	一九、三〇二

山頂電車公司(Peak Tramway Co., Ltd.),於一九〇五年設立。本社前身為香港高地電車公司。後因營業失敗,而實行改組,始有今名。總支配權屬哈謨柏里士商會(J. D. Humpierys Son),公稱資本七十五萬元。本社經營有名的山頂電車;因交通的進展,山居的住民也漸漸增加了。

中日電話公司(China & Japan Teleyhone & Electric Co., Ltd.),經營香港九龍間的電話事業。係唯一獨占的組織。營業成績尚不惡。住戶每年的電話使用費,約十磅。

香港煤氣公司(Hongkong & China Cas Co., Ltd.),有資本金十三萬鎊。一八六二年設立,一八九二年頟分工廠於九龍,營業成績,因無報告發表,很難清楚;但據說有相當的獲得。

第八款　紡績業

香港紡績公司(Hongkong Coton Spinning, Weaviny & Dyeing Co., Ltd.),係渣甸洋行所經營,設立於一八八八年。一九〇一年改組,有資本金百二十五萬元。錘數計五萬五千。但因原棉須仰給於外,所以價格很高,營業處於不利的地位;因此,機械雜器等,均移轉於上海,設立楊樹浦紡績公司。較前有相當的進展,並且當地紡織業不但因原綿須輸入自外,而暑氣之烈,對於紡織業也是很不相宜的。

第九款　歸於失敗的製粉業及麥酒業

這裏對於失敗了的工業,也須附帶地說到。現在先敘述製粉業:

香港製粉公司(Hongkong Milling Co.)一九〇六年設立。資金計百萬元。原料小麥需給於美國。每日有產粉八千袋的能力。但僅經一年,即告失敗,主要的緣故,一因股東提議提高股額的失策;二因賭買小麥的挫折。經理人且為了金融運轉不靈,窮於應付,以致演出突然自殺的事件。一九一〇年七月中，機械全部讓度於日本神戶鈴木商店，計二十三萬元。

第二種失敗了的工業，就是麥酒業。經營麥酒業的巨擘，爲東洋麥酒公司（Oriental Brewery Co,. Ltd.），資金計五十萬元，一九〇八年設立。工場位於香港對岸的荔枝谷（Laichi kok），規模頗宏大。一年中的廣告費，爲數不貲，但在販路上有二大勁敵：一係品質優良的德國產品；二卽價格低廉的日本產品。這樣的結果，以致營業上受了很大的打擊。且其兼營製冰的副業，也因競爭而失敗，最後於一九一二年決議解散，同香港製粉公司一樣的走到沒落的途中。

第二項　國人經營的工業

這裏要說到國人所經營的工業了。

國人所經營的工業，概以手工業爲主，用機械的僅織造業等等而已。產品以火柴，化粧品，豚脂，罐頭業，煙草，酒，醬油，鉛粉等等爲主。這些都相應當地國人與南洋一帶華僑的需要。以下便與述這些工業的一般狀態了。

第一款　火柴業

隆記公司應當地唯一的火柴工場。國人自行出資組織，聘日人為技師，原料都由日本輸入，藥品仰給於德國。本年產額約有二三千函。本公司為南中國最早的火柴工場；此外廣東省內吉祥，永安，義和，廣中興，大和，文明，老怡利，巧明等火柴公司，營業上也有相當的進展，總產額每年在三萬函左右，這個數目也可以表示火柴等的成績了。

第二款　籐業

籐業從來為國人主要的手工業之一。本港從事此業的戶數：在市內為二百六十戶，對岸九龍方面有三十戶。一九一三年，原料籐的輸入額計一五八八噸。對澳洲南洋諸島的輸出，年有增加，數年前，曾利用一種海草(Arnndomitis)及蔴絲，製造細緻的家具，這種兼營的副業，漸漸有發展的傾向，不但在本港有需要，同時對美國等處也有大量的輸出。

第三款　煙草業

國人營煙草業者，除南洋公司外，僅二十餘所的小工場。原料都仰給於北海，鶴山，新會，南雄等處因外國紙煙的輸入，不能向其競爭，前途頗難穩定。

第四款　罐頭食品業

罐頭食品業的製造，有財記，廣美珍，奇香棧，新德隆等九所。產品以荔枝，龍眼，梨，枇杷，冬筍，鳳梨，楊桃，落花生等為主。又兼製香蕉糖，杏仁餅，諸蜜餞，據當地製造家的報告，營業成績有相當的收獲。

第五款　釀酒業

本港製酒業計有釀造所七處。一九〇九年香港政廳開始酒類輸入稅，這使別處的釀造家自然是很大的打擊；然而在港的本業卻是好的影響。這樣每年的產額，漸漸地增加，下列一九一三年的酒業統計表，也可以明瞭一斑了。

	香港及新九龍租借地	香港消費用	租借地消費用	計
本年製造額	七九一，八八六	二二二，二九九	二〇三，四七六	一，二一七，六六一
地方消費額	五一六，二三二	一九二，八五六	二〇三，四七六	九三，五六七
輸出額	三一，六五四	一六，二〇九	—	八七，八六二

【一九三】

第六款　織造業

本港織造業，在最近數年間，有長足的發展，將來是很有希望的。組織稍大的工場計五所，規模狹少的共十所。製品以襪與襯衣類爲主。每年產額襪約五六萬打，襯衣類約十萬打。規模較大的工廠，比較地使用新式的機械，如毛燒機械，蒸壓機等。主要的工場如下：

維新織造局　香港銅鑼灣。
（係華英合資創辦）

廣新織造局　香港對岸油蔴地。
（華資，計資金十萬元。）

金興織造局　香港對岸莫沙咀。
（華人經營，資金約六萬元。）

利民興國織造公司　香港對岸油蔴地。
（華人合資，資金計十萬元。）

華洋織造局

（同上，資金計八萬元。工場曾失愼一次，後即重築。）

第七款　豚脂製造業

豚脂業大部分都向新加坡一帶輸出，本港消費額也不在少數。每年屠殺豚數約由二十萬至三十萬頭，脂肪製出年額計三萬擔左右。據香港當局的調查，一九一二年輸出豚脂百十二萬封度，乾燥肉額計八萬餘封度。一九一三年上述二種製品都有三倍的增加。主要的製造家如下：

香港製造豬油臘味公司	香港堅尼地城
兆祥	同匯亞里四號
益生	同修打蘭街四號
榮德	同弓弦巷街四號
兆隆	同德輔路三九六號

第八款　製靴業

製靴業首推大新公司，一九〇八年由德人與華人合辦，資金計十萬元，機械都自德美購入。以質美不良，疊次改組，結果單獨歸華人經營。辛亥革命後，因一時的趨向與需要，使洋靴產額激增，最盛時，每月計有一萬五千雙。後一因需要的減退；一因貨品的濫製，結果受了很大的損失。第一次歐洲大戰爆發的時候，卽告解散了。

第九款　石鹼製造業

國人所經營的石鹼業，係屬小規模，工場位於港的對岸。一八九六年，德商在筲箕灣設立工場，製鹼石造，曹達，化粧品等等。除供本港需要外，又對中國北方輸出。

第十款　砂糖漬薑業

本品爲南中國主要的輸出品。從本港向海外的輸出額，砂糖及生薑等等，一年中計有六七萬擔之多。製造廠計有十五所，後又由廣東移來數所。對海峽殖民地，印度，美國等都有輸出。

第十一款　璃玻製造業

經營玻璃工業最早者，當爲廣生行有限公司。在二十年前，已設立於港東銅鑼灣；又有名的福惠公司，工場原在白沙湖，後移九龍；此外還有小規模的工場八所。廣生行又從事香水，牙粉等等的製造，前途很有順利的希望。

第十二款　造紙業

在本港南岸有大成機器造紙有限公司，設立於一八九一年。從英國購入新式的機械，一晝夜有製紙九千封度的能力。原料蒐集於中國南部；其他主要的材料都仰給於英國。出品除供中國內地需要外，對海峽殖民地一帶也有相當的輸出。

第十三款　醬油製造業

本港營醬油業的工場，計有調珍，調源，田利，與隆，恆珍，調和等十所。內二所兼輸出業，一九一四年對英國計有五千八百箱。美國及新加坡等處也曾有力量的輸出。

第十四款　銀朱製造業

製造銀硃，係用日本輸入的硫黃，歐洲輸入的水銀，卽後以國人特有的方法，化合而成。

對中國內地，日本，印度等處都有輸出。後因德國的人造銀硃，使本港的製品，受廉價的壓迫不得不去減少產額；然而本港的銀硃，有特殊的鮮紅色，這一點不是德國品所能企及的；因此，已經失敗過去的本業，依樣恢復固有的繁榮。主要的製造所如下：

永吉	香港伍輔道二五六號
人和	同文成街七七號
大益	同永樂街一一七號
大興	同南北街七一號

第十五款　金屬器製造業

金屬器的製造業，也不是大規模的。銅器製造所在市內，有二十二所，港對岸油蔴地及深水埔計二十四所，以製造神佛祭壇的用品爲主，對暹羅等處都有輸出。其他金銀器製造所，市內爲百〇五所，對岸計十三所。鐵器製造業在市內爲七十八所，對岸計四十所。錫器業，市內惟六十一所，對岸計三所。

以上關於香港工業，已有簡明的敘述，固然現在的香港，絕不是「香港罷工時代」的舊容；可是因整個英資本主義的動搖，香港自然也不能單獨發展。如糖業的停歇，船廠解僱大批的工人，就可以表示得很明顯了。

第四節　商業

第一款　商業會議所

商業會議所，除華商洋商二所外，尚有輸出商及代理商協會一所。現在可將其大要記述於左。

香港商業會議所（Hongkong General Chamber of Commere），於一八六一年組織成立。以在香港從事中國貿易的公司與個人爲會員的成分。組織的作用，不外於擁護商業上的一般利益；排除經營上的阻礙；處理商業爭議上的仲裁事件等等。香港政府當有商業上的問題發生，多徵求本所的意見。而且一八八四年以來，經香港立法會議的通過，商業會議所得推選代表，出席立法會議，討論一切。香港有力的洋商，大致都爲會員。歐洲大戰前，個人會員二十名，銀行，公司，商店等約百三〇左右；就中德商約二十名，因大戰故，全體除名。每年召集一次的總會，又二週發行一次的市況報告（Market Report），內容刊載汽船的出入港表，廣東生絲市況，雅片輸入額，對歐美輸出貨物的市場表，輸入品市場表等，以供各會員及一般商人的參考。

香港華商總會（Hongkong Chinese Chamber of Commerce），係在港的華商，爲保護商業上的利益，而組織起來的團體。關於商業上的利害關係，常代表全體華商，向香港政府作口頭或文書的交涉。香港政府的公文，多用英文發布，總會爲使一般華商得到明瞭的理會，都時時擔任翻譯要旨的工作。在香港各華人的地方團體，同業協會，各商店，各公司，以及其他在港有房產的華人，都得爲總會的會員。

香港輸出及代理商協會（Association of Exporters and Dealers of Hongkong）於一九一二年十月設立，以從事輸出貿易者爲會員。會員多屬外國商人，華人僅佔少數。並附設仲裁會，以解決輸出商務上的糾紛。從來經過香港，而向中國輸出的商品，種類紛繁，使營輸出業者，感受許多的困難。本協會會努力製造各貨物品質的標準，這對於從事輸出業者，自然是很有益處的。

第二項　商人

第一款　外國商人

從事香港貿易的商人，可以大別爲中國商人與外國商人。外國商人中，以英商爲最有優越的勢力，戰前德商佔第二位，日商，美商，法商，荷蘭商，印度商，葡萄牙商等次之。其他如意大利，丹麥，挪威，瑞典，俄羅斯等商人，大都經營汽船業，保險業，或則爲這些營業的代理店；大部分以獲得一定的手續費介紹費爲目的，所以規模宏大的很是少數。

外國商人中，著名的可以臚列於左，以清眉目。

英商

亞細亞火油公司	Asia'ic Petroleum & Co.	油類
鐵行輪船公司	Bank Line, Ltd.	船舶業

太古洋行	Buterfield & Swire.	貿易業 船舶業
昌興輪船公司	Canadian Pacific Ocean Sewices, Ltd.	船舶業
諫當保險公司	Canton Insurance Office, Ltd.	保險業
渣打銀行	Chartered Bank of I. A. C.	銀行業
電話公司	China & Japan Telephone & Electric Co.	電話業
中華火災保險行	China Fire Insurance Co.	保險業
中華火車糖局	China Sugar Refining Co., Ltd.	精糖業
天洋洋行	Dodwele & Co., Ltd.	貿易業 船舶業
刼行	Gibb, Lioingston & Co.	同上
香港澳輪船公司	Hongkong Canton Macao S. N. Co., Ltd.	船舶業

德忌利士輪船公司	Dougias S. S. Co., Ltd.	船舶業
電燈公司	Hongkong Electric Co., Ltd.	電燈業
香港火災保險公司	Hongkong Fire Insurance Co.	保險業
香港九龍貨倉公司	Hongkong & Kowlcon Wharfs & Godown Co., Ltd.	倉庫業
香上銀行	Hongkong & Shanghai Banking Carporation.	銀行業
電車公司	Hangkong Tramway Co., Ltd.	電車業
沙宣洋行	David Sassoon & Co., Ltd. *	貿易業
香港黃埔船渠公司	Honghong & Wnampoa Dock Co.	船渠業
紹昌洋行	W. G. Humphreys & Co.	貿易業
堪富利士	J. D. Humphreys & Son.	貿易業

新沙遜洋行	E. D. Sassoon & Co.	貿易業
通濟隆	Thomas Cook & Son.	運送代理業
安仁水火保險有限公司	Union Insurance Society.	保險業
怡和洋行	Jardine, Matheson & Co.	貿易業 船舶業
有利銀行	Mercantile Bank of India, Ld.	銀行業
鐵行輪船公司	Peninsular & Oriental S. N. Co.	船舶業
泰和洋行	Reiss & Co.	貿易業

（以上係第一流的英商概略）

天和公司	Baker & Co.	貿易業 船舶業
德記洋行	Bradley & Co.	貿易業
正廣和	Caldbeck, Macgregor & Co.	酒業
太平洋行	Gilman & Co.	貿易業

煤氣公司	Hongkong China Gas Co.	瓦斯業
青洲英坭公司	Green Ltd. Cement Co., Ltd.	水門汀業
香港房產公司	Hongkong Land Investment & Agency Co.	房產業
香港製纜公司	Hongkong Rone Manufacturing Co., Ltd.	麻網業
和記洋行	J. D. Hutchison & Co.	貿易業
屈臣氏藥房	A. S. Watson & Co., Ltd.	藥業
萬國通用電汽公司	General Electric Co of China	電氣機械類
威利積公司	W. A. Jack, & Co., Ltd.	造船機械業
昌利洋行	Pentreath & Co.	貿易業
大興洋行	Robertson, Wilson & Co.	仝

卜內門洋行	Brunner Mond & Co., Ltd.	貿易業
香港雪廠	Hongkong Ice Co., Ld.	製冰業
惠羅公司	Whiteaway, Laidlaw & Co.	雜貨店

【註】前表中有(＊)者，係英籍的猶太商。

美商

萬國寶通銀行	International Banking Corporation	銀行業
英美烟公司	British America Tobacco Co.	烟草業
輝華麵粉公司	Fisher Flouring Mill Co.	麥粉業
美富	Standard Oil Co. of New York	石油業

法商

法國銀行	Bank De I' Indo-China	銀行業
法國輪船公司	Messageries Maritimes	船舶業

東京煤礦公司	Socété Yrancaise des Charbonnages du Tonkin	煤炭業
黎壓洋行	Lapicque & Co.	貿易業 船舶業
荷商		
渣華中日荷輪船公司	Java-China-Japan Lijn Netherlands	船舶業
荷蘭安達銀行	India Commercial Bank	銀行業
荷蘭銀行	Netherlands Trading Society	銀行業
好時洋行	Holland China Trading Co.	貿易業
印度商		
百巴里	Pabany, Ebrahimboy	貿易商
馬地	N. Medy & Co.	貿易商

【二〇七】

兆莫爾	Chotirmal & Co.	綢物商
葡萄牙商		
梳沙洋行	De Sousa & Co.	貿易業
瑞利洋行	Soares & Co.	貿易業
紹和洋行	Bytelho Bros.	貿易業
新興洋行	Aves & Co.	貿易業
挪威商		
多利順(信亨)	Thoresen & Co.	船舶業 貿易業
意大利商		
孫天利	G. Martini	貿易業
瑞典商		
瑞典洋行	Swedish Yrading Co.	船舶業 貿易業

丹麥商

新中和洋行	H. Skott & Co	貿易業

日本商

橫濱正金銀行	銀行業
臺灣銀行	同
日本郵船公司	海運業
大阪商船公司	同
三井洋行	貿易業
三菱公司	煤銅硝子等
日森洋行	貿易業
大佛洋行	美術雜貨

第二款 中國商人

【三一〇】

在香港從事轉輸貿易的中國商人，數量上很多，但是沒有正確的統計；裏面尤其是以「南北行」及「九八行」爲最著名。所謂南北行的名稱，卽含有代理運銷南北各地貨物的意味；至於九八行的名稱大約爲對於運銷貨物，須收得二分手續費的表示，雙方共計百餘戶。其他關於專從事某一地方的貿易，還有多數的商品。現在因爲沒有詳明的調查材料，所以僅能夠舉出這等商店的概數。

南北行及九八行（代理經營各地商品） 約百餘戶。
金山莊（舊金山間的貿易商） 約二百八十餘戶。
石臘莊（新加坡間的貿易商） 約七十餘戶。
秘魯莊（秘魯間的貿易商） 約四戶。
渣華莊（爪哇間的貿易商） 約五戶。
南非洲莊（南非洲間的貿易商） 約一戶。
呂宋莊（呂宋間的貿易商） 約三十一戶。

安南莊（安南間的貿易商）	約三十六戶。
暹羅莊（暹羅間的貿易商）	約十九戶。
海防莊	約二戶。
雲南莊	約二十五戶。
汕頭潮州莊	約十二戶。
福建廈門莊	約二十二戶。
福州莊	約十二戶。
上海莊	約五十八戶。
山東莊	約三戶。
天津莊	約七戶。
漢口莊	約八戶。
日本莊	約六十戶。

此外華人經營雜貨業者有先施，永安，大新，眞光四公司；從事航業的有招商局等；銀行業有廣東銀行等；貿易業有昌成公司，捷記行等。以上的記述，便是香港中國商人的一般狀態。

第三款　買辦

任何一個的帝國主義，英帝國主義也好，美帝國主義也好，當他投資到某一地方，奪取到某一地方；那一個地方的原料和勞動力，決不會忘記掉的；因爲這些都是利潤的泉源。可是有一件東西也是必要的：那就是「買辦」，而且買辦一定要是當地的人；因爲這使帝國主義可以利用這「活的招牌」——買辦。更加得到對於當地情形的理解，更能便利地剝削；所以英帝國主義一佔領到香港，便需要買辦這種工具，代她奔走一切。每年給買辦以利潤的一部分，就使買辦俯首帖耳做忠順的奴僕了。在香港可以看到一大羣的買辦以外，還有許多的銷貨員，銷貨員不過僅僅代售外國的商品，販賣中國的原料，比較買辦的作用要少些，在這一段「代售」和「販賣」的過程中間，銷貨員做了介紹的工作。從這裏取到一些的手續發；所以銷貨員可以說是「小買辦」同時，也就是帝國主義的「小工具」。

第五節　農業

香港島，多屬邱陵，平地很少。又租借地內，地面磽确，在僅少的耕地，不過生產少量的農產物而已。但住民除從事漁業外，以營農業爲多。米、甘蔗、落花生、大麥、梨、桔等爲主要的耕作物。

三四十年前的香港，沒有茂鬱的森林，後以香港當局努力的栽培，以及獎勵住民的植樹，到現在全島都覆着青綠色了。

第六節　礦業

關於香港的礦業，也沒有多大的發展。在南大澳島有銀礦一處。又九龍租借地碗園地方，有產鉛的廢礦一處。碗園地方的粘土，可爲製造陶器的需要。大鵬灣的坪州島，產石盤石。

香港島上的邱陵，花崗石很是豐富，可以供給土木工程的需要。

第七節 漁業

香港島內諸港灣往復的漁船，以一九一五年計，約在二萬艘上。漁船的根據地，以筲箕灣，長州島等處為重要。這些地方的繁榮或沒落，同漁業的盛衰，有密切的聯繫。

香港大號的漁船，可容四十人左右，普通都以二艘聯合出漁。出漁的日數，以獲魚的數量為標準，時常須有一週間或十日內的時間，纔可以歸來。次之為比較小的漁船，大約可容十四五人。在舊歷十月，所謂黃花時節，也常聯合二艘，共同釣撈。平均一年有一千元至二千元的經營。出漁日數，普通四五日可以歸來；但獲魚如果順利，一天以內也有歸航的。最後為最小的漁船，數量上佔最多數，都羣集於小灣內，以小網及釣針等從事獲魚的工作。

魚的種類很多，如鯉魚赤魚等不下數十種。過去華人英人曾集資創辦中國漁業公司，從事近海的漁業；但僅數個月，即告失敗。這一方面固然因經營上的不善，可是中國人的獲魚，依然保持固有的幼稚法，也是難以發展的重大原因。

第四章　社會事業

第一節　教育

香港的教育事業，固然兼顧到一般的住民；可是最着重的對象，卻在於華人。這因爲帝國主義奪取得某個地方，她特別留意的，自然是原料與勞動力，但是同時也需要奪得這一個地方住民的「心」。帝國主義千方百計地利用各種的方法，來蒙蔽被壓迫者意識，在各種方法中，最有効力的，那不能不說是教育和宗教；所以英帝國主義一佔領到香港，對於這一方面的設施也是異常地注意。

這裏關於香港各學校的狀況，可以作一次概要的敘述：

首先不得不說所謂南中國的「學術重鎮」——香港大學。香港大學的設立，很夠表示英帝國主義的殖民地教育，有長足的發展。一九一三年，一座大建築矗立於香港島的西部，這就是香港大學的所在。開辦的時候，僅設工醫二科；因爲香港造船業的發展，工科的設立，有許多的便利；而且香港的醫院在數量上也很不少，醫科的創立，在實際上也是很需要的。以後又擴充學會，增設文科。香港大學的校長，也就由香港總督自兼。在表面上也以「學術獨立，思想自由」「養成高深學術的人材」等等好聽的言辭爲標榜；實際上，顯然是製造「政治買辦」和「經濟買辦」的機關。

皇后書院（Queen's College）位於市內的中央部，學生約有五六百人，大多數係中國人，歐洲人，日本人僅佔少數。又附設夜班，以實施工業教育爲目的。此外教授印度巡捕以華語，並有測量術，以及工藝技能的實習。

英人學校（British Shools）有九龍及惠特利亞二校。前者於一九〇二年，後者於一九〇五年設立，各有學生五六十名，分小學及中學二部，並附設幼稚園。校內十三歲的男女學童，即分班授課。拉丁語，法語等，也專列課程教習。

英人學校除右述外，還有山中學校（Peak School）一所；因爲居住山上的英人兒童通學，諸多不便，所以另設一所。

比萊氏女書院（Belilios Public School for Chinese Girls）在香港是一所很重要的學校。學生大多數係中國的女子，分小學和中學二部，除修普通課程外，兼教授家事管理一科。

區學校（District Schools）在西營盤（Saivingpwa）油蔴地（Yaumati）灣仔（Wantsai）等處都有設立。爲教授中國人的學校，係升入皇后書院的預備學校。

印度人學校，教授的課程，爲升入皇后書院上級科的必要科目。

普通衛戍學校（Gavison School）在九龍的鯉魚門（Lyemun）及石切島（Stoncenter's Island）都有設立。以教授駐軍的子女爲主要的任務。

警察學校，係警吏的預備所。教授科目，多屬警吏的必修課程。

此外還有些私立學校，因不大重要，所以不細說了。香港政府的教育方針，可分爲三大系統；一爲純英人的教育，二爲對中國人的教育，三爲對印度人的教育。這一種教育系統的排列，很可以表示英帝國主義對殖民地教育的目標所在。

第二節　衞生

英帝國主義佔領到香港的時候，瘧疾異常猛烈。一八四三年中從五月到十月間，居住香港的歐洲人和軍隊，死了大半；所以當時英國的朝野，曾高唱香港殖民地的放棄論。可是香港政府以整個的力量，從事衞生的建設，經過了十年的長時間，漸漸地得到相當的效果，死亡率就因此而減少了。

所以這裏關於香港的衞生設施，應當概要地說到。

衞生委員會(Sanitary Board)設立於一八八三年，以潔淨司長擔任委員會的主席，委員除官吏委員外，並委派二名負擔市稅的市民委員。委員會設有幹部，處置市內外一切的衞生事宜。

總督府病院(Government Civil Hospital)在市的西端。入院患者以歐洲人爲多，中國人，印度人次之。

產科病院(Maternity Hospital)係總督府醫院所主辦，建設於一八九七年。

堅泥地城傳染病院(Infections Diseases Hospital, Kennedy Town)當一八九四年腥紅熱病初發等，卽變更爲專治腥紅熱病的病院。

惠克托萊婦人幼兒病院(Victoria Hospital for Women and Children)在港內的山上，收容各國的患者。係香港市民於惠克托萊女皇卽位五十年紀念時所設立，後委託香港政府經營。

瘋癲病院(Lunatic Asylum)係一專科的病院，爲香港政府所創辦。

東華病院(Tung Wah Hospital)係香港最大規模的慈善病院。爲華人自行醵金，設立於一八七〇年。一九〇九年以來，漸次增加各種的病舍；並附設痘瘡醫院，係一九一〇年所創立。都專爲治療華人而設。

興華病院(Kwong Wa Hospital, Yaumati)在九龍的油蔴地，以撫華道（華民政務司）擔任委員長。也專屬治療華人的醫院，分中醫和西醫二部。

阿麗絲紀念病院(Alice Memorial and Afiliated Hospitals)爲住居香港的何諾夫人因紀念阿麗絲而設的病院，係倫敦傳道會所管理。

細菌檢查所(Bacteriological Institute)係製造痘苗，檢查排洩物的機關。每年四季並施行對貯水池的檢查。

惠克托萊屍體解剖所(Public Mortuary, Victoria)設有死體剖驗官，施行對屍體的解剖，又兼事檢查鼠等動物。此外九龍也設有屍體解剖所。

其他如消毒所，公共墓地，施療所等，都有設備。

第三節　宗教

第一項　英國監督教會

「宗教是鴉片，」所以帝國主義者，到處都需要這種特殊的「鴉片，」來麻醉被壓迫者。

英國監督教會自從十八世紀初次以來，即注意對中國的傳道事業，當一八四二年佔領到香港的時候，即開始實際的活動。信徒遍於中國，除對一般人民輸入這種特殊的「鴉片」外；尤其是注意香港無數的海員。因為香港是一個大自由港，奪取得海員的羣衆，是多麼偉大的力量啊！他們雖然專設牧師，從事向海員的傳道事業；可是香港的海員有歷來的政治經驗，上當的卻很少。

第二項　倫敦傳道會

倫敦傳道會於十九世紀初，即開始向中國活動，且注目於教育事業。在上海，廣東，等處都有支部，並有聖書頒布所的設立。在香港及九龍各處，遍設傳道會。

第三項　羅馬加特力教會

羅馬加特力教會，根本在東方就開始活動。香港的會所，一八四二年纔從事建築，後又重事改造。信徒多爲居住香港的葡萄牙人。

第四節 刊物

新聞

英字新聞

Hongkong Daily Press（日刊，）係半官報，於一八五七年創刊。

South China Morning Post（日刊，）於一九〇三年開辦，資本金計十五萬元。

China Mail（晚報，）一八四五年設立。

Hongkong Telegraph（晚報，）於一八八一年創刊。

華字新聞有循環日報公益報大光日報華字日報等；此外還有日文新聞香港日報一種，係居住香港的日人所創辦。其他刊物：香港政府所刊行的，有每週發行的官報（Hongkong Government Gazette，按年發行的行政年報（Administrative Reports）及立法會議議事錄（Hongkong Hansaard）等等。香港商業機關，更有通商行名簿，華商人名錄，輸出入商名錄等等的刊行。

第五節　娛樂

香港的娛樂機關，以一八六五年所建築的市公會堂（City Hall）爲最宏大，內有戲場，音樂室，跳舞室，博物館，圖書館的設備。

香港俱樂部，也是很完備的娛樂機關，此外各國人多有自設的俱樂部；葡萄牙人俱樂部，以所設的圖書館，著稱於香港。計存書一萬卷，多屬葡萄牙文學的書籍，次之爲法律的書籍。

其他如植物園，影戲場等都有相當的具備；但是規模宏大的，卻很少見。

第三編　餘論

香港的整個狀態，以上已有概要的敘述，最後對於英資本主義的現狀，須約略加以證明；因爲香港的生命，同整個的英資本主義，有密切的聯繫；在未說到英資本主義以前，對於世界經濟的現狀，尤其是需要簡明的分析。世界資本主義自實施「經濟化」以來，已發生兩種危機：技術發展的結果，商品所包含的必需勞動時間因此減少，而失業工人也就隨之而增加起來；第二種的危機，技術改進了，生產量隨之而增加，可是找不到市場。這兩種危機在美國德國特別地表示得明顯，現在單獨地觀察到英資本主義的本身：英資本主義發展最早，技術不及德國美國來得巧詐。許多部門的工業，都變成無利可圖的了。以一九二五年計，英國從商品貿易中得一萬萬金磅的利潤，而從資本輸出以及其他的銀行營業，所得銀四萬二千萬金磅。這就表明「世界大工廠」的英國，漸趨到沒落的途中，一變爲寄生蟲般的靠利錢過活的主人了；所以英資本主義卽從事技術的改進，也是無濟於事的，而且又找不到市場。英資本的衰落，映現於香港的，自然也是同樣的現象，如香港本年（一九二九年）夏間渣甸糖業公司因爪哇糖的競爭而停歇，失業的工人計二千餘；太古船廠以前是雇用五千餘人的大產業，現在是減到二千餘人了。這二千餘人中，還有千餘人時受半失業的恐慌，因爲各種產業的失業工人，爲數日多；所以工作時間是增加了，工資是減少了。這樣我們就可以說香港的問題，不僅是香港的局部問題；而且是世界資本主義的問題。現在世界的資本主義危機，一方對工人的剝削加重，一方發生生產過剩的危機。要解決生產過剩的難關，必須另找市場；但是怎樣找法呢？首先我們要細細一看下列的表。

世界資本主義的殖民地獲得比較表（中含有美洲的合衆國）

地名	一八七六年	一九〇〇年	增加
非洲	一〇、八%	九〇、四%	增七九、六%
南洋羣島	六六、八%	九八、九%	增四二、一%

亞洲	五一、五%	五六、六%	增五、一%
海洋洲	一〇〇、〇%	一〇〇、〇%	…………
美洲	二七、五%	二七、二%	減〇、三%

據上表看來，凡地球上荒僻的地方，於二十世紀的初頭，都已爲人所佔領。於亞，於非，實在沒有剩餘的東西。如果要找市場，佔領土地，除了侵刼的佔據，暴力的戰爭外，沒有別的更好的政策。那好似「狗要糞吃，砂糖換不轉來」的一樣。只有發動大戰，爲奪取市場的出路。

本年(一九二九年)八月廿七日，即是所謂「非戰公約」成立的一天，現在連瘋子也不相信第一次的世界大戰的爆發，是因爲塞爾維亞人殺了奧大利的親王，或是德國攻破比利時。大概沒有比瘋子更瘋的人，會相信這個「非戰公約」有效力的；這個「非戰公約」的意義，除了各帝國主義間，在相互掩護之下，加緊地準備第二次的大戰外，就是存於蒙蔽落後的大衆。美國今年以二萬七千四百萬金元，造成一萬噸的新式鐵甲巡洋艦十五艘；法國添造戰艦七萬五千噸。日本，意大利諸國都在整軍經武。英國今年的海軍預算增加到二萬八千萬金元，就中四千二百萬美金爲建造新艦的費用。英國又在香港建造飛行場，發展航空事業；新加坡築港的完成，更使香港與直布羅陀，馬爾太，阿丁，形成一精密的軍事聯絡綫。各帝國主義爭奪的焦點，在於太平洋；所以如果第二次世界大戰，爆發於太平洋，香港無疑地是英國軍事的重心。當此「中東事件」的爆發，世界大戰迫在眉睫的時候，本書的讀者，如果進而研討更加重大的問題，得到更詳密正確的結論，這尤其是爲我們所希望的！

參考書目舉要

香港事情　日本外務省通商局

香港概觀　前田寶治郎

香港工業　台灣總督府調查課

香港金融機關　台灣總督府調查課

香港要覽　台灣總督府調查課

香港港勢及貿易　台灣總督府調查課

南洋殖民地的行政組織　台灣總督府調查課

第一次海外學事視察團報告書　台灣總督府調查課

東方的直布羅陀——香港　天繆

The Laws of Hongkong.

Norton Kyshe: History of the Laws and Comt of Hongkong.

【註】本書的統計材料，都根據上列各書，有些綴拾而來的統計，固然是不大新穎的；但是牠能夠給香港的過去以說明。在這點上，我們以為是可取的。

編者。

書名：香港——東方的馬爾太（一九二九）
系列：心一堂　香港・澳門雙城成長系列
原著：李史翼、陳湜
主編・責任編輯：陳劍聰

出版：心一堂有限公司
通訊地址：香港九龍旺角彌敦道六一〇號荷李活商業中心十八樓〇五一〇六室
深港讀者服務中心：中國深圳市羅湖區立新路六號羅湖商業大厦負一層〇〇八室
電話號碼：(852) 67150840
網址：publish.sunyata.cc
淘宝店地址：https://shop210782774.taobao.com
微店地址：　https://weidian.com/s/1212826297
臉書：　　　https://www.facebook.com/sunyatabook
讀者論壇：　http://bbs.sunyata.cc

香港發行：香港聯合書刊物流有限公司
地址：香港新界大埔汀麗路36號中華商務印刷大廈3樓
電話號碼：(852) 2150-2100
傳真號碼：(852) 2407-3062
電郵：info@suplogistics.com.hk

台灣發行：秀威資訊科技股份有限公司
地址：台灣台北市內湖區瑞光路七十六巷六十五號一樓
電話號碼：+886-2-2796-3638
傳真號碼：+886-2-2796-1377
網絡書店：www.bodbooks.com.tw
心一堂台灣國家書店讀者服務中心：
地址：台灣台北市中山區松江路二〇九號1樓
電話號碼：+886-2-2518-0207
傳真號碼：+886-2-2518-0778
網址：http://www.govbooks.com.tw

中國大陸發行　零售：深圳心一堂文化傳播有限公司
深圳地址：深圳市羅湖區立新路六號羅湖商業大厦負一層008室
電話號碼：(86)0755-82224934

版次：二零一九年一月初版，平裝

定價：港幣　　一百二十八元正
　　　新台幣　五百九十八元正

國際書號 ISBN 978-988-8582-33-4